汴水蕴物华
柳孜运河遗址出土文物

安徽省文物考古研究所
淮北市博物馆 编著

宫希成 闫红 主编

科学出版社
北京

内 容 简 介

本书选录柳孜运河遗址1999年、2012~2013年两次正式田野考古发掘出土的文物，按照先质地（瓷器、陶器、石玉类、金属类、木骨贝类）后用途的顺序排列。反映了唐宋时期柳孜地区的社会物质文化生活。

本书适合于从事唐宋考古的专家学者和相关专业的大专院校师生参考、阅读。

图书在版编目（CIP）数据

汴水蕴物华：柳孜运河遗址出土文物 / 宫希成，闫红主编；安徽省文物考古研究所，淮北市博物馆编著. —北京：科学出版社，2017.2
ISBN 978-7-03-051739-5

Ⅰ. ①汴… Ⅱ. ①宫… ②闫… ③安… ④淮… Ⅲ. ①运河—文化遗址—出土文物—介绍—安徽 Ⅳ. ①K873.54

中国版本图书馆CIP数据核字（2017）第025603号

责任编辑：雷　英／责任印制：肖　兴
书籍设计：北京美光设计制版有限公司

科学出版社 出版
北京东黄城根北街16号
邮政编码：100717
http://www.sciencep.com

文物出版社印刷厂 印刷
科学出版社发行　各地新华书店经销
*
2017年2月第 一 版　　开本：889×1194 1/16
2017年2月第一次印刷　　印张：17
字数：490 000
定价：350.00元
（如有印装质量问题，我社负责调换）

概述

宫希成　胡均　陈超

大运河是水利工程史上的一座丰碑，特别是开凿于隋炀帝大业元年（605）的通济渠，沟通了黄河、淮河、长江三大水系，构成隋唐宋时代帝国内陆交通的主干道之一，是中国古代规划思想和高超的建造工艺技术的体现，对促进南北方文化交流、保障中国社会经济持续繁荣发展发挥了重要作用。但是，北宋以后，南北分治，因战乱不断、社会动荡，通济渠运河处于无人管理的状态，损毁严重，日渐淤塞，失去原有的功能，告别数百年的繁华，退出了历史舞台。由于大部分河道已经掩埋于地下，文献中又没有详细的记录，后人对通济渠原貌无法了解，就出现了关于运河的种种传说，以至于学术界对通济渠的废弃时间、具体线路和走向等都有不同的说法。

1999年，濉溪县百善镇柳孜遗址的考古发掘，让已经消失的运河又重新引起了世人的关注。此后，安徽省文物考古研究所又陆续对运河开展了一系列调查和发掘工作，基本摸清了安徽段运河的具体线路、河道河堤结构、建造技术、河道演变以及文化遗存埋藏情况。运河（通济渠）安徽段由河南省永城市入安徽境，经淮北市濉溪县，宿州市埇桥区、灵璧县、泗县，进入江苏省泗洪县，自西北向东南横贯安徽省境，长180余公里，其中淮北市境内40多公里，宿州市境内130多公里。安徽段运河地处淮北平原，地势平坦，穿越宿州市城区和多个小城镇、村庄，有一部分被现代公路占压，沿线人口密集。现绝大部分已淤塞湮没于地下，部分地段现仍可见河道遗迹和隆起的堤坝，唯泗县境内尚存一段长约25公里有水的故道。柳孜，则是运河边的一颗明珠。

"柳孜"地名最早见于《旧唐书·本纪·懿宗》卷一九，是一个因运河而兴的繁华集镇，也是一处军事要地。文献记载这里曾发生过多次激烈的战事，如《宋史·列传第一二六》卷三六七载"十年，金人叛盟取河南，命存中为淮北宣抚副使，引兵至宿州，以步军退屯于泗。金人诡令来告敌骑数百屯柳子镇。存中欲即击之，或以为不可，存中不听。留王滋、萧保以千骑守宿，自将五百骑夜袭柳子镇，黎明，不见敌而还。金人以精兵伏归路，存中知之，遂横奔而溃。参议官曹勋不知存中存亡，以闻，朝廷震恐，于是有权宜退保之命"。柳孜村中出土的宋代砖塔碑文中记录有"柳子镇兵马监押兼巡检"一职，这些都说明柳孜地位的重要。柳孜还是运河岸边的一个重要驿站，是往来漕运商旅驻足歇脚的场所。在唐宋金时代，不少文人曾驻足柳孜，留下关于柳孜的记录和诗词，赞美汴河隋堤的胜景。晁说之《後十一月十一日夜宿柳子镇》："早岁无知到柳桥，黄流澎湃客雄豪。自从道路无形势，今日睢阳益谩劳。"通济渠两岸种植了大量的杨柳，诗人白居易在《隋堤柳》诗中写到："西至黄河东至淮，绿影一千三百里，大业末年春暮月，柳色如烟絮如雪。"当年隋堤之上盛植杨柳，风吹柳絮，腾起似烟。成就了汴水东流、隋堤烟柳、虹桥晓月……这一处处的美景。考古发现正反映出昔日柳孜的喧嚣与繁华。

1999年，303省道改建施工过程中，在淮北市濉溪县百善镇柳孜村挖出了大量的石块，文物部门专家闻讯赶到，在现场勘察后，敏锐地意识到这可能是与运河有关的遗存，随即开始了抢救性考古发掘。历经半年多艰苦的发掘工作，发现了石构建筑、沉船等重要遗迹遗物。经过安徽省内外专家现场考察论证，确认此次发掘出来的应是运河遗迹。该遗址被评为"1999年度全国十大考古新发现"，2001年由国务院公布为全国重点文物保护单位，2014年又成为世界文化遗产点。

2012年，因中国大运河申报世界文化遗产工作和运河遗址保护的需要，经国家文物局批准，安徽省文物考古研究所又主持对柳孜遗址进行了第二次发掘。两次发掘总面积近3000平方米，揭露出34米长的一段河道，发现两岸河堤、河道、石筑桥墩、道路等

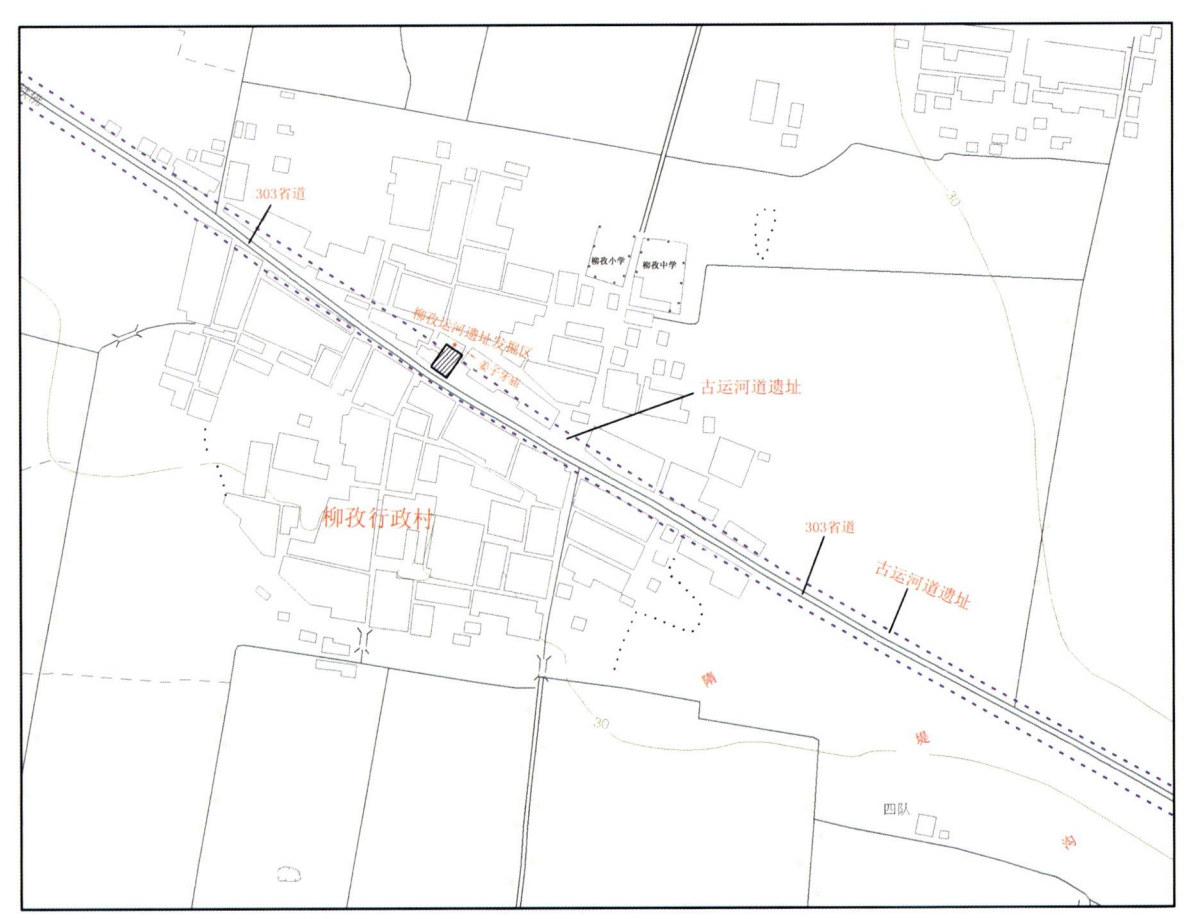

图一　柳孜运河遗址平面图及发掘区位置

重要遗迹，发现沉船9艘，在河道中出土瓷器、陶器、石器、骨器、铜器、铁器等文物上万件。通过发掘，对柳孜段运河结构、河道演变以及文化遗存埋藏情况有了详细准确的了解与认识（图一、图二）。

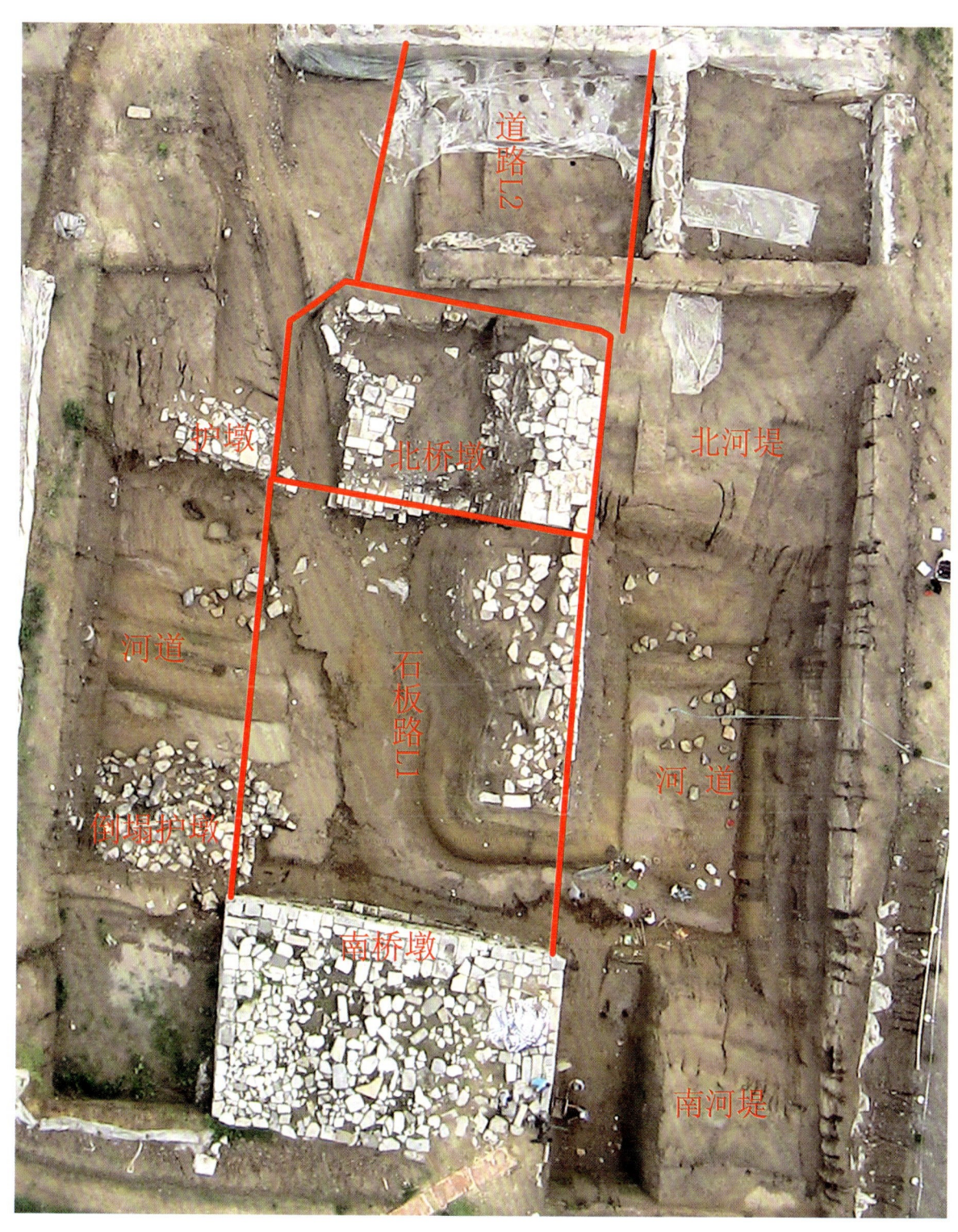

图二　柳孜运河遗址重要遗迹

柳孜段运河河堤与河道地层堆积比较清晰，通过这些遗迹现象可以大致了解运河的形成、使用、变迁、淤塞、废弃的整个过程。

根据考古勘探和发掘结果可知，早期河道宽约 40 米。两岸河堤各宽约 20 米。但是，河道内的泥沙淤积速度比较快，使河床不断抬高，需要不断清淤才能保证正常通航。在淤积严重的时候，也采取缩窄河道、加高河堤的办法以保证通航。因此，河道内留下大量遗物和一层层泥沙，河堤也留下一次次增筑的痕迹。到唐代后期产生了严重的淤积，大概是为了省工省钱，只清理了河道北部，加高了北堤，而将南岸向北推进近 20 米，在淤积层之上新筑南堤，使河道收窄到 20 多米。为使不断增高的河堤能够稳固，使用了"木岸狭河"这一水利技术。据史料记载：宋仁宗嘉祐元年（1056），"自京至泗州置汴河木岸，扼束水势，令深驶"。即打入密集排列的木桩以加固河堤，填充泥土或砂石，木桩连接为"木岸"。这样，河床由斜坡改为陡壁，使河床束窄，水深加大，水流加快，以改善航运状况，还可起到清淤的效果。已解剖的河堤坡度约 45°，河坡中发现有成排的但已腐朽的木桩，纵横交错，很密集，印证了"木岸狭河"的记载（图三~图八）。

在柳孜，还发现了分列于南北两岸的桥墩。桥墩长约 14、宽约 9、残高约 5 米，依托河堤，用石块砌筑，在石块之间填充支山石并用土石整平，局部用白灰黏合。所用的石料来源较杂，有规整的石板（条）、不规则的石块、画像石、带凹槽的构件等。北桥墩外侧，还发现了约 14 米宽的道路，通向桥梁。文献记载，在运河沿线曾推广一种无

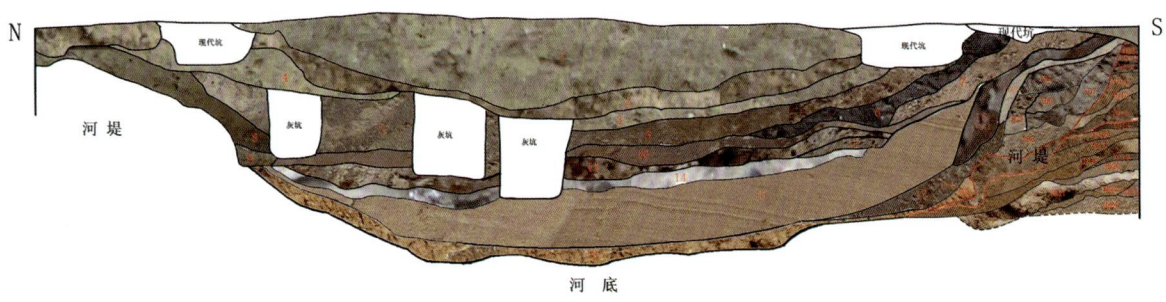

图三　柳孜运河遗址发掘区东壁剖面示意图

图四　发掘区东壁及河道局部

图五　发掘区西壁及河道局部

图六　北河堤局部

图七　南河堤剖面

图八　南河堤木岸遗迹

柱木拱桥，名曰"虹桥"，"垒巨石固其岸，取大木数十相贯，架为飞桥，无柱"。著名的《清明上河图》中绘有这种虹桥，但后世早已无此实物，根据种种迹象判断，柳孜运河的桥很可能就是与文献记载中的虹桥类似的木结构桥（图九~图一一）。

　　在柳孜共发现了9艘沉船。有2条独木舟，其余均为木板平底货船。船体修长狭窄，平头方艄，通体架设空梁，不设桅杆且无帆。造船用榫钉结合与油灰捻缝技术，列板缝线非常密实。船体结构严密、工艺精良、用材合理，反映了当时的运河漕船造船工艺的共有特点。2012年发现的9号沉船，残长2.3、宽0.9米。船底朝上，船下一长串的铜钱，

图九　北桥墩断面

图一〇　南桥墩

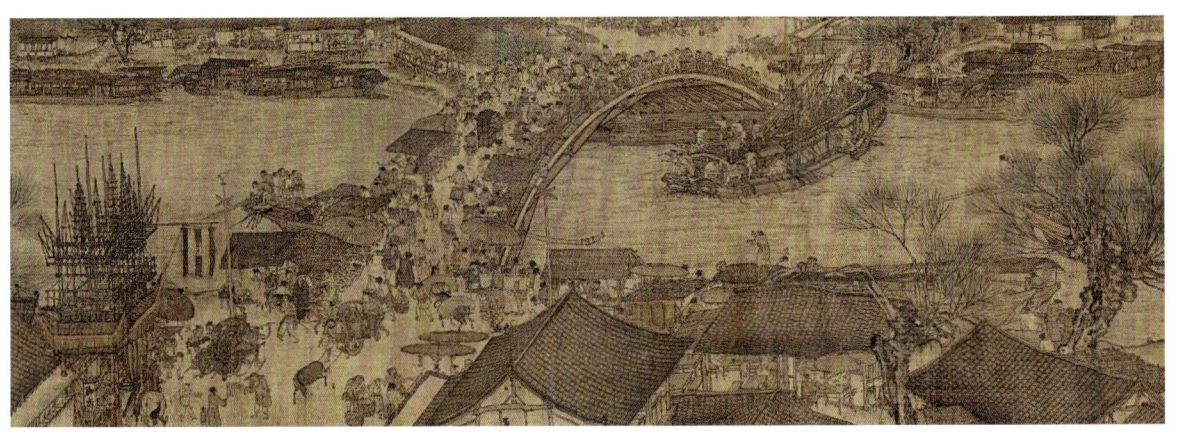
图一一　《清明上河图》之虹桥

有崇宁通宝、崇宁重宝、熙宁元宝等，大小不一，应该是储藏之物。船的构造是使用铁钉把木板严丝合缝地钉住，扒钉分为横钉和十字钉，接缝处用石灰泥实。在河底散落有大量石船碇（图一二、图一三）。

两次考古发掘出土可复原的文物上万件，瓷器残片数以万计。按质地分为陶器、瓷器、铁器、铜器、石器、骨器、木器等大类。按照用途又可以分为建筑材料、生活用品、生产工具、玩具、乐器、泥（瓷）塑制品、娱乐用品及赌博用具等，涵盖了当时社会生活的方方面面。其中瓷器数量最多，基本包含唐宋时期南、北方各主要窑口的产品，这既反映了因运河的开通而带来商贸和文化交流的频繁，又反映了柳孜镇在唐宋时期作为运河沿岸的重要驿站或集镇的繁荣程度。透过这些文物，我们可以看到当年运河岸边的风土人情、生活状况和精神面貌：隋堤垂柳，拱桥路人，街头熙熙攘攘，叫卖声不绝于耳，一幅祥和而又喧嚣的市井生活图卷。

沧海桑田的变迁，埋没了曾经繁忙的运河。今天，通过考古发掘让通济渠重新被世人认知，沉睡已久的运河不再缄默。随着考古发掘与研究的不断深入，这个被岁月掩埋的人间奇迹，会拂去尘土，展露出更清晰的模样。如今，运河已经列入世界文化遗产名录，沿线的淮北市和宿州市人民政府分别编制了"大运河遗产保护规划",并经安徽省人民政府批准实施。各级人民政府正在积极加大力度开展保护、利用工作,相信运河遗产将在当前和未来的经济社会发展中重新焕发其光彩(图一四~图一七)。

图一二　9号船

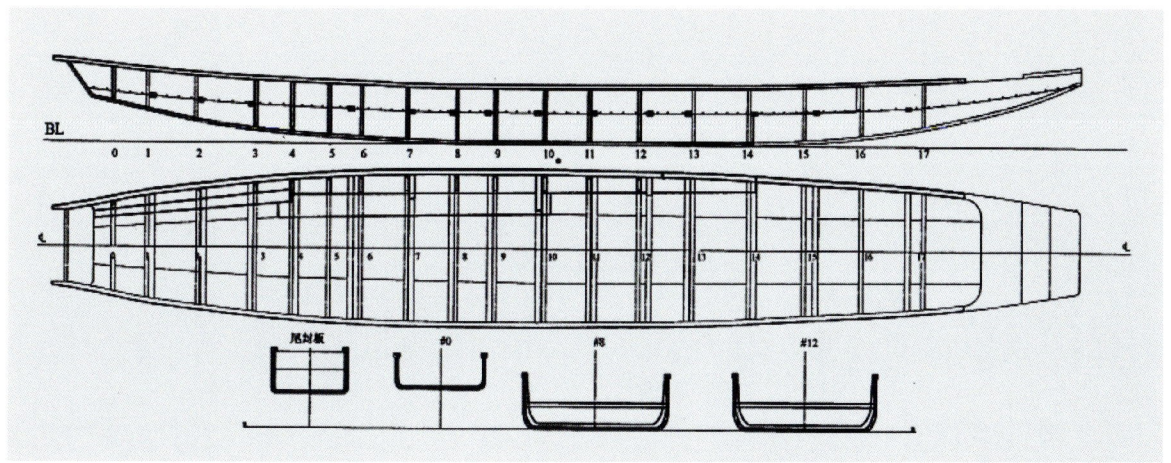

图一三　1999年发掘测图及全船构造复原图

图一四　联合国教科文组织专家现场考察

图一五　当地小学生参观发掘现场

图一六　当地村民关注发掘进展

图一七　发掘区保护大棚内外观

目录

概述　宫希成　胡均　陈超　　　　　　　　　i

瓷器

白釉碗	002	白釉碗	016
白釉碗	003	白釉碗	017
青釉碗	004	白釉碗	018
青釉碗	004	白釉碗	019
青釉碗	005	白釉碗	019
青釉印花碗	006	白釉碗	020
青白釉碗	007	白釉碗	020
黄釉碗	008	白釉碗	021
黄釉碗	008	白釉碗	021
黑釉盏	009	白釉碗	022
唐三彩罐	010	白釉大碗	022
唐三彩罐	010	白釉碗	023
黑釉罐	011	白釉葵口碗	024
青釉褐斑鸟纹执壶	012	白釉碗	025
黑釉鸟形埙	013	白釉划花碗	026
白釉碗	014	白釉印花碗	027
白釉碗	014	白釉划花碗	028
白釉碗	015	白釉印花芒口碗	029
白釉葵口碗	015	白釉红绿彩碗	030
白釉葵口碗	016	白釉红绿彩文字盘	031

红绿彩文字碗	032	青白釉碗	063
白釉褐彩碗	033	青白釉碗	064
白釉褐彩碗	034	青白釉碗	065
白釉褐彩碗	035	青白釉碗	066
白釉黑花碗	036	青白釉高足碗	067
白釉黑花碗	037	青白釉碗	068
青釉碗	038	青白釉碗	069
青釉碗	038	青白釉碗	070
青釉碗	039	青白釉碗	071
青釉碗	040	青白釉碗	072
青釉碗	041	青白釉碗	073
青釉碗	042	青白釉葵口出筋碗	074
青釉碗	043	青白釉葵口出筋碗	075
青釉碗	044	青白釉葵口出筋碗	076
青釉碗	045	青白釉划花碗	076
青釉碗	046	青白釉刻划碗	077
青釉碗	047	黑釉碗	078
青釉碗	048	黑釉涩圈碗	079
青釉碗	049	黑釉碗	080
青釉葵口碗	050	黑釉碗	081
青釉葵口出筋碗	051	外黑内白釉碗	082
青釉葵口碗	052	黄釉碗	083
青釉刻划花碗	053	黄釉碗	083
青釉印花碗	054	黄釉碗	084
青釉印花碗	055	黄釉碗	085
青釉印花碗	056	黄釉碗	086
青釉印花碗	057	黄釉碗	086
青釉印花碗	058	黄釉碗	087
青釉印花碗	059	黄釉碗	087
青釉印花碗	060	黄釉碗	088
钧釉碗	061	酱釉碗	089
钧釉碗	062	唐三彩碗	089
青白釉碗	062	唐三彩碗	090

唐三彩碗	091	黑釉盏	122
白釉盏	092	黑釉盏	123
白釉盏	093	黑釉盏	124
白釉盏	094	黑釉盏	125
白釉盏	095	黑釉盏	126
白釉盏	096	黑釉窑变盏	127
白釉盏	097	黑釉兔毫盏	128
白釉斗笠盏	098	黑釉窑变盏	129
白釉涩圈盏	098	黑釉窑变盏	130
白釉划花盏	099	黑釉窑变盏	131
红绿彩盏	100	柿釉盏	132
白釉褐彩盏	101	柿釉盏	133
青釉盏	102	酱釉盏	134
青釉盏	103	酱黑釉盏	134
青釉盏	104	黄釉盏	135
青釉盏	105	黄绿釉涩圈盏	135
青釉盏	106	唐三彩碟	136
青釉盏	107	白釉葵口盘	137
青釉盏	108	白釉刻花盘	138
青釉盏	109	白釉印花盘	139
青釉盏	110	白釉印花芒口盘	140
青釉盏	111	白釉印花芒口盘	141
青釉盏	112	白釉红绿彩题诗盘	142
青釉盏	113	青釉盘	143
青釉盏	114	钧釉盘	143
青釉盏	115	钧釉盘	144
青釉盏	116	青白釉葵口碟	145
青釉印花盏	117	青白釉葵口出筋碟	146
黑釉盏	118	黑釉涩圈盘	147
黑釉盏	119	酱釉涩圈盘	147
黑釉盏	120	白釉罐	148
黑釉盏	121	黄釉四系罐	149
黑釉盏	121	青釉罐	150

黄釉四系罐	151
青釉罐	152
青釉四系罐	152
青白釉莲瓣纹罐	153
茶叶末釉罐	154
黄釉罐	155
唐三彩罐	155
绿釉刻花罐	156
青釉双鱼纹双系执壶	157
青釉瓜棱执壶	158
青白釉壶底	158
酱釉执壶	159
绿釉执壶	160
绿釉执壶	161
青釉执壶	162
白釉"仁和馆"瓶	163
黑釉瓶	164
白釉盆	165
白釉盆	165
白釉盆	166
外酱内白釉黑花鱼纹盆	167
外酱内白釉褐彩盆	168
青釉盆	169
青釉钵	169
唐三彩盘	170
青釉钵	171
青釉钵	171
青釉钵	172
青釉钵	172
青白釉钵	173
黄釉钵	173
绞胎钵口沿	174
唐三彩钵	174
唐三彩水盂	175
唐三彩豆	175
白釉器盖	176
青白釉皮囊形水滴	177
白釉黑花器盖	177
青白釉盒	178
青釉灯	179
白釉剔花长方形枕	180
绿釉划花枕	180
青釉莲花纹元宝形枕	181
绿釉贴面绞胎枕片	182
白瓷骰子	183
白瓷骰子	183
白瓷骰子	183
白瓷"士"棋子	184
白瓷"車"棋子	184
白瓷"炮"棋子	184
白瓷刻花棋子	185
白瓷刻花棋子	185
白瓷棋子	185
黑瓷棋子	186
酱釉瓷球	186
绞胎球	186
绞胎球	186
瓷铃	187
白釉狗俑	188
白釉马俑	189
白釉绿彩"马上封侯"俑	190
白釉褐彩人物俑	191
青釉猴俑	191
黑釉狗俑	192
青釉褐彩人物俑	193
青白釉抱球童俑	193

青白釉女孩头俑	193	红绿彩仕女头俑	197
青白釉"抱球童"俑	194	红绿彩仕女俑	197
青白釉观音俑	195	三彩抱柱狮子	198
黄釉观音俑	195	酱釉军持	199
红绿彩仕女俑	196		

陶 器

双系灰陶罐	202	陶狮	213
红陶罐	202	灰陶鱼	214
灰陶盆	203	红陶人物首	214
灰陶盆	203	红陶人物塑	215
灰陶盆	204	红陶人物塑	215
灰陶盆	204	红陶人物塑	216
黑陶炉	205	红陶人物塑	216
红陶炉	205	双鱼纹红陶灯	217
灰陶纺轮	206	红陶模具	218
灰陶纺轮	206	红陶模具	218
灰陶网坠	206	红陶蝎形图案模具	218
灰陶扑满	207	灰陶龙首	219
红陶扑满	207	灰陶龙头俑	220
灰陶扑满	208	方形灰陶底座	222
掷杯	208	灰陶瓦当	223
掷杯	209	灰陶瓦当	224
红陶铃	209	灰陶瓦当	225
黑陶球	210	灰陶瓦当	226
灰陶砚	210	灰陶兽面纹瓦当	227
灰陶抄手砚	211	灰陶兽面纹瓦当	228
灰陶砚	212	红陶瓦当	229

石玉类

石臼	232	石镇纸	234
石臼	232	石围棋盘	235
石轮	232	羊形镇纸	235
石碾轮	232	石狮头	236
圆形石砚	233	石权	236
石枕	234	石狮	237

金属类

铁釜	240	铁桩	242
铁碾	240	铜钗	243
铜镜	241	金耳环	243
亚字形铜镜	241	铜造像	243
铁耙钉	242		

木骨贝类

木梭	246	骨簪	248
木梭	246	贝环	249
木鱼漂	246	骨圈	249
骨篦	247	骨簪	249
骨篦	247	贝壳饰件	250
骨篦	248	骨牌	250
木篦	248	木剑	251

编后记　　252

汴水蕴物华——柳孜运河遗址出土文物

瓷器

白釉碗 宋（12SLT12⑫：344）

口径14.7厘米，底径6.1厘米，通高4.4厘米，釉厚0.1毫米

敛口，圆唇，弧腹，圈足斜削。内施满釉，外施白釉至下腹部，釉下施白色化妆土，釉面有小开片，有积釉、流釉现象。灰色胎，较致密细腻。

汴水蕴物华——柳孜运河遗址出土文物

白釉碗 宋（12SLT12⑩：339）

口径 18.8 厘米，底径 7.2 厘米，通高 6.4 厘米，釉厚 0.1 毫米

敞口，圆唇，弧腹，圈足微外撇。内施满釉，外施白釉至下腹部，釉下施白色化妆土，釉面有小开片，有积釉现象，内外底均有支钉痕。夹砂红褐色胎，较粗。

青釉碗 唐（99SLT8⑥：56）

口径 17.5 厘米，底径 7.6 厘米，通高 6.3 厘米
敛口，圆唇，弧腹，饼底。内外均施青釉至上腹部，釉面有小开片。夹砂紫褐色胎。

青釉碗 唐（99SLT8⑤：232）

口径 24.5 厘米，底径 10.2 厘米，通高 10.4 厘米
侈口，圆唇，深弧腹，上腹内凹，腹中部有凸棱一周，钵形，饼底。内外施青釉均不到底，有积釉现象。灰胎，较粗。

汴水蕴物华——柳孜运河遗址出土文物

青釉碗 唐 （12SLT04YD⑳：364）

残，口径 15.1 厘米，底径 6.3 厘米，通高 4.5 厘米，釉厚 0.1 毫米

侈口，圆唇，斜直腹，玉璧底，外沿斜削。内施满釉，外施青釉至下腹部，釉面有小开片，有积釉、流釉现象。内外底均有 7 个支钉痕。浅灰色胎，致密细腻。

青釉印花碗 宋（12SLT13⑩：138）

口径 20.1 厘米，底径 5.4 厘米，通高 7.4 厘米，釉厚 0.1 毫米

敞口，圆唇，弧腹，圈足。除足脊外满施青釉，器内模印花卉纹，器外口沿下饰一周弦纹。足底有窑粘。青灰色胎，致密细腻。

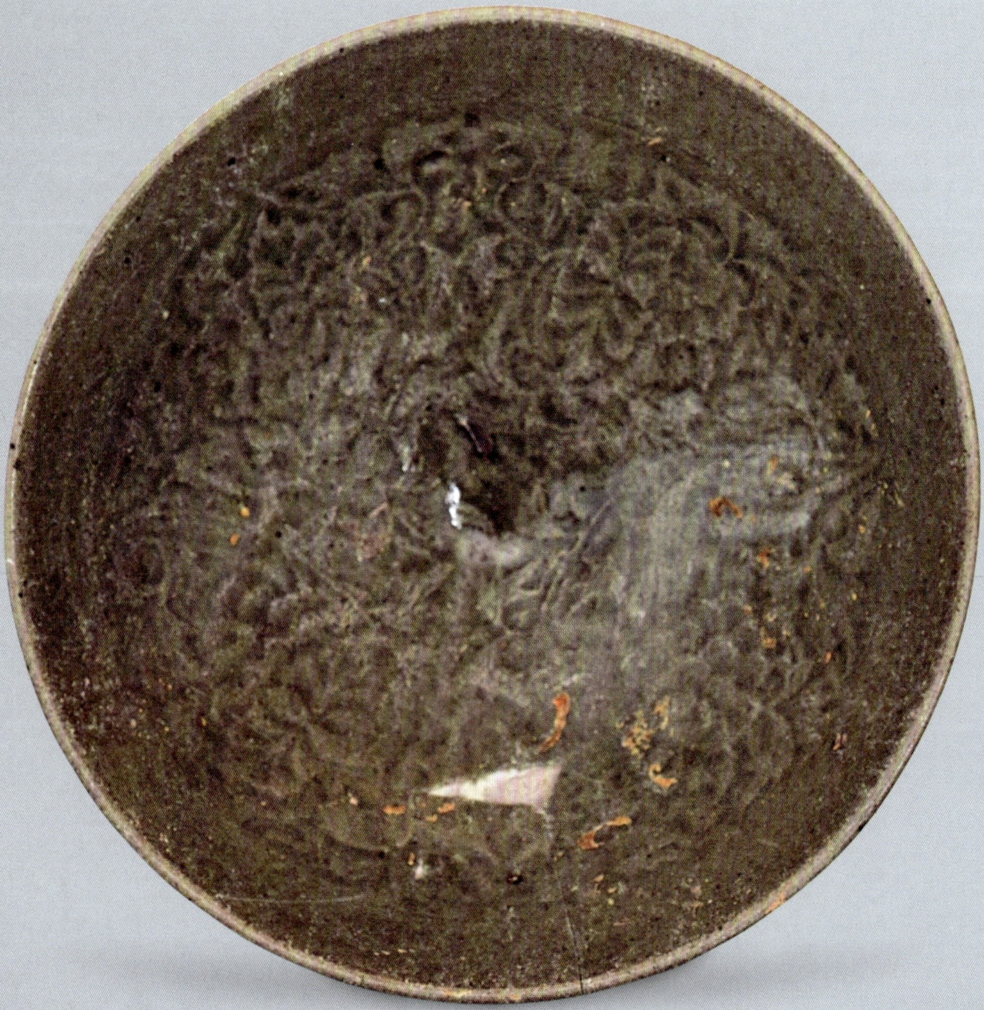

汴水蕴物华——柳孜运河遗址出土文物

青白釉碗 宋（12SLT04⑩∶4）

残，口径15.1厘米，底径5厘米，通高7.5厘米，釉厚0.1毫米

敞口，卷沿，圆唇，弧腹，圈足。内施满釉，外施青白釉至下腹部，釉面有小开片，有积釉、流釉现象。白色胎，致密细腻。

黄釉碗 唐（99SLT8⑤：222）

口径 16.5 厘米，底径 7.2 厘米，通高 6.9 厘米

敞口，卷沿，弧腹，饼底。内施满釉，外施黄釉至上腹部，釉面有小开片。内底有 3 个支钉痕。夹粗砂黄色胎。

黄釉碗 唐（99SLT5⑨：86）

口径 18 厘米，底径 8.5 厘米，通高 7.1 厘米

敞口，卷沿，弧腹，饼底。内施满釉，外施黄釉至上腹部，有流釉、积釉现象，釉面有小开片。夹砂黄色胎，较粗。

黑釉盏 宋（12SLT12⑩：259）

口径 12.5 厘米，底径 4.6 厘米，通高 4.8 厘米，釉厚 0.1 毫米

侈口，尖圆唇，弧腹，圈足斜削。内施满釉，外施黑釉至下腹部，有积釉、流釉、飞釉现象。外底墨书"陆"字。夹砂黄褐色胎，较粗。

唐三彩罐 唐（99SLT6⑧：412）

口径13.2厘米，腹围61厘米，通高13.6厘米
卷沿，圆唇，短颈，鼓腹，球腹，圈底，三兽足。腹部饰两组凹弦纹。施黄、绿、白三色釉不及底。灰白色胎，细腻。

唐三彩罐 唐（99SLT8⑤：120）

口径14.3厘米，腹径21.5厘米，底径8厘米，通高13.8厘米
侈口，卷沿，束颈，球腹，圈底，三兽足残失。球腹肩腹处有一周凸棱。施黄、绿、白三色彩釉不及底，口部施黄釉，肩以下三彩分布无规律，釉面有光泽，有剥蚀现象。灰红色胎，较细。

汴水蕴物华——柳孜运河遗址出土文物

黑釉罐 唐（99SLT5⑨：77）

口径 8.8 厘米，腹围 39.3 厘米，底径 7.6 厘米，通高 16.3 厘米

侈口，束颈，溜肩，弧腹，饼底。肩部对称装桥形系。内施釉至口沿，外施黑釉至下腹部，釉面有小开片。夹砂浅黄色胎。

青釉褐斑鸟纹执壶 唐（99SLT6⑧：385）

口径 9.3 厘米，腹径 11.2 厘米，底径 9.2 厘米，通高 18.7 厘米，釉厚 0.1 毫米
喇叭口，圆唇，束直颈，溜肩，瓜棱状弧腹，饼底。内施釉至口沿下，外施青釉至下腹部，有积釉现象。肩至上腹部饰一八棱形短流和一对称双轮形长条鋬。流下以褐彩饰花卉、鸟纹。灰色胎，致密细腻。

汴水蕴物华——柳孜运河遗址出土文物

黑釉鸟形埙 宋 （12SLT13⑩：36）

长 4.7 厘米，宽 3.1 厘米，通高 4.8 厘米，釉厚 0.1 毫米

鸟形。鸟头回首，尾部呈扫帚状，双足外撇，腹部一侧有 2 个圆形穿孔，另一侧有 1 个圆形穿孔。内施釉过半，外施黑釉至下腹部。灰白色胎，致密细腻。

白釉碗　唐　（99SLT8 ⑤：129）

口径22.1厘米，底径8.4厘米，通高7.4厘米

敞口，圆唇，弧腹，玉璧底。内施满釉，外施白釉至上腹部，釉下施白色化妆土，釉面有小开片，有积釉现象。内底有3个支钉痕。夹砂浅黄色胎。

白釉碗　唐　（99SLT6 ⑧：391）

口径15.2厘米，底径8厘米，通高4厘米

敛口，弧腹，浅圈足玉璧底。内外满施白釉，圈足底无釉。内底有3个支钉痕，外底有轮旋痕迹。夹砂灰色胎。

白釉碗 唐（99SLT5⑧：72）

口径 13.7 厘米，底径 6 厘米，通高 4.6 厘米

敞口，圆唇，弧腹，饼底。内施满釉，外施白釉至上腹部，釉下施白色化妆土，釉面有小开片，有积釉、流釉现象。内底有 3 个支钉痕。夹砂浅黄色胎。

白釉葵口碗 唐（99SLT6⑧：392）

口径 16.1 厘米，底径 8.2 厘米，通高 5 厘米

敞口，三瓣葵口并内连出筋，弧腹，玉璧底。内施满釉，外施白釉至底部，釉面有小开片。灰色胎，较粗。

白釉葵口碗 唐 （99SLT6⑧：393）

口径 20.2 厘米，底径 10 厘米，通高 5.8 厘米

侈口，弧腹，浅圈足。除圈足内外均施白釉，碗内葵口向下四道出筋。灰白色胎，较细。

白釉碗 唐 （12SLT04YD⑳：369）

残，口径 12.4 厘米，底径 6.8 厘米，通高 3.3 厘米，釉厚 0.1 毫米

敛口，尖圆唇，弧腹，玉璧底。内施满釉，外施白釉至上腹部，釉下施白色化妆土，釉面有小开片，有积釉、流釉现象。浅黄褐色胎，较致密。

白釉碗 唐（12SLT04YD⑳：122）

残，口径15.4厘米，底径6.8厘米，通高4.4厘米，釉厚0.2毫米

敞口，卷沿，圆唇，弧腹，玉璧底。内施满釉，外施白釉至下腹部，釉面有小开片，有积釉、流釉现象。白色胎，致密细腻。

白釉碗 唐（12SLT04YD⑳：259）

残，口径12.8厘米，底径7厘米，通高3.5厘米，釉厚0.1毫米

敛口，尖唇，浅弧腹，玉璧底。内施满釉，外施白釉至玉璧底，釉面有小开片，有积釉、流釉现象。釉色微泛青。内底有支钉痕。灰白色胎，较致密细腻。

白釉碗 宋（12SLT04 ⑭：84）

残，口径18.2厘米，底径7.8厘米，通高5.2厘米，釉厚0.3毫米

敞口，平沿，残，圆唇，弧腹，圈足。内施满釉，口沿无釉，外施白釉至上腹部，釉下施白色化妆土，下腹及底施护胎釉。夹砂黄褐色胎，粗糙。

白釉碗 宋（12SLT12 ⑫：41）

残，口径18.2厘米，底径6.2厘米，通高6.5厘米，釉厚0.1毫米

敞口，圆唇，弧腹，圈足斜削。内施满釉，外施白釉至下腹部，釉下施白色化妆土，釉面有小开片，有积釉现象。外底有墨迹。黄褐色胎，较致密。

白釉碗 宋（12SLT04 ⑫：5）

残，口径 15.6 厘米，底径 6.5 厘米，通高 6.1 厘米，釉厚 0.5 毫米

侈口，圆唇，弧腹，圈足。内施满釉，外施白釉至下腹部，釉下施白色化妆土，釉面有小开片，有积釉现象。内外底均有支钉痕。夹砂浅黄色胎，较致密。

白釉碗 宋（12SLT04 ⑫：23）

残，口径 18.1 厘米，底径 7.2 厘米，通高 6.9 厘米

敞口，圆唇，弧腹，圈足。内施满釉，外施白釉至腹中部，釉下施白色化妆土，釉面有小开片，有积釉、流釉现象。内外底均有支钉痕。夹砂浅黄褐色胎，较粗。

白釉碗 宋 （12SLT04⑪∶135）

残，口径 16.6 厘米，底径 5.9 厘米，通高 5 厘米

侈口，圆唇，弧腹，圈足。内施满釉，外施白釉至下腹部，釉下施白色化妆土，釉面有小开片，有积釉现象。内外底均有 5 个支钉痕。灰色胎，较致密细腻。

白釉碗 宋 （12SLT12⑩∶543）

残，口径 19.2 厘米，底径 6.5 厘米，通高 6 厘米，釉厚 0.1 毫米

敞口，圆唇，弧腹，圈足。内施满釉，外施白釉至下腹部，釉下施白色化妆土，釉面有小开片，有积釉、流釉现象。内外底均有 5 个支钉痕。夹砂浅黄色胎，较粗。

白釉碗 宋（12SLT12⑥∶1）

残，口径13.6厘米，底径6.4厘米，通高3.8厘米

敛口，圆唇，弧腹，饼底微内凹。内施满釉，外施白釉至腹中部，釉下施白色化妆土，釉面有小开片，有积釉、流釉现象，内外底均有支钉痕。夹砂浅黄褐色胎，较粗。

白釉大碗 宋（12SLT13⑩∶171）

残，口径33.6厘米，底径9厘米，通高10.5厘米，釉厚0.1毫米

敞口，宽沿，圆唇，弧腹，圈足微外撇。内施满釉，外施白釉至下腹部，釉下施白色化妆土，釉面有小开片，有积釉、流釉现象。内底有4个支钉痕。黄褐色胎，较致密。

白釉碗 宋（12SLT13⑩：136）

口径 18.3 厘米，底径 7.1 厘米，通高 6.1 厘米，釉厚 0.1 毫米

敞口，圆唇，弧腹，圈足。内施满釉，外施白釉至下腹部，釉下施白色化妆土，釉面有小开片，有积釉、流釉现象。内外底均有 5 个支钉痕。夹砂浅黄褐色胎，较粗。

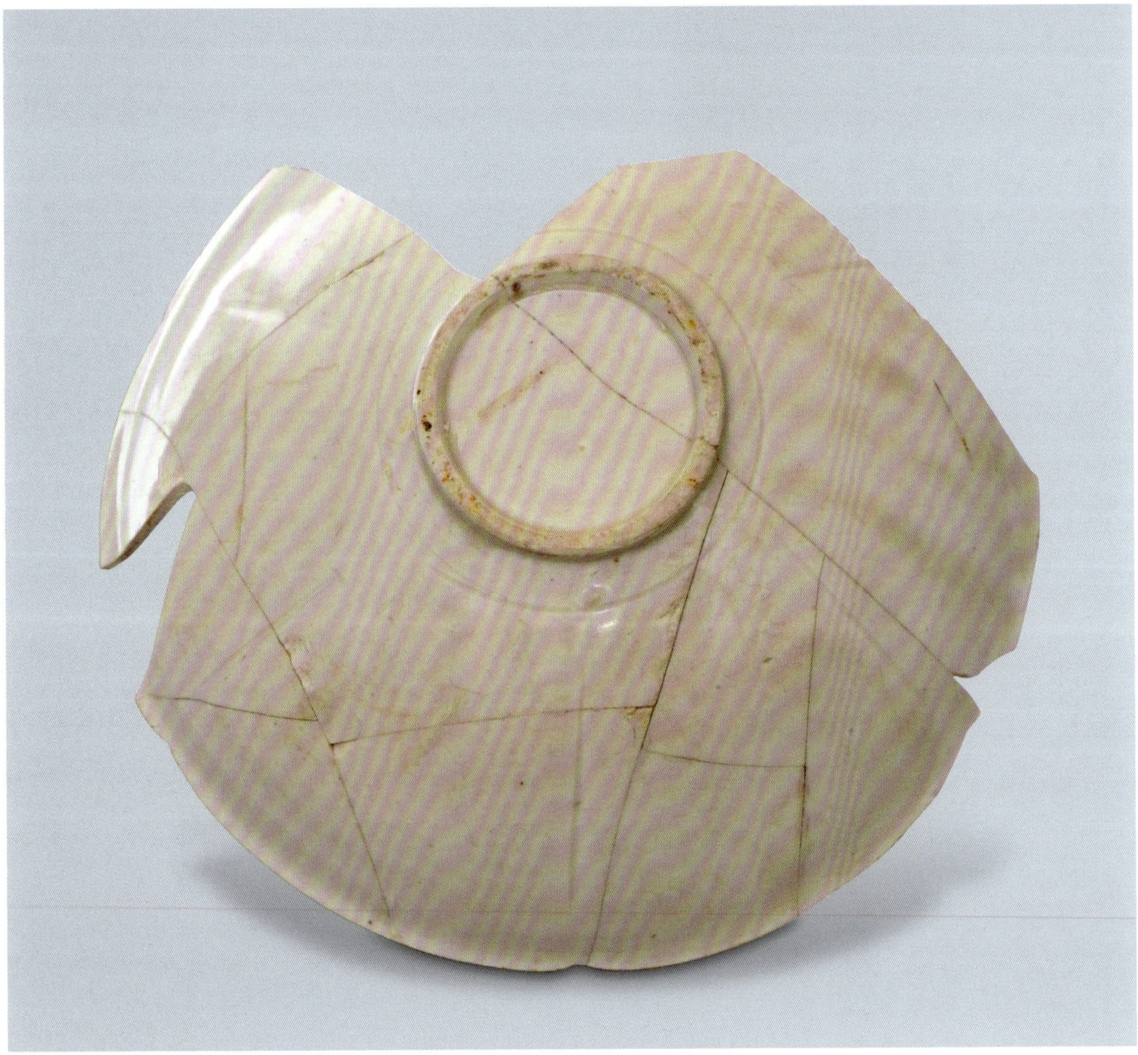

白釉葵口碗 宋（12SLT13⑩：290）

残，口径18.6厘米，底径5.3厘米，通高5.6厘米，釉厚0.1毫米

侈口，葵口，斜弧腹，圈足。内腹部葵口向下出筋微凸，但无明显筋线，外腹部葵口向下内凹，刻划明显筋线，除外圈足底外均满施白釉。白色胎，致密细腻。

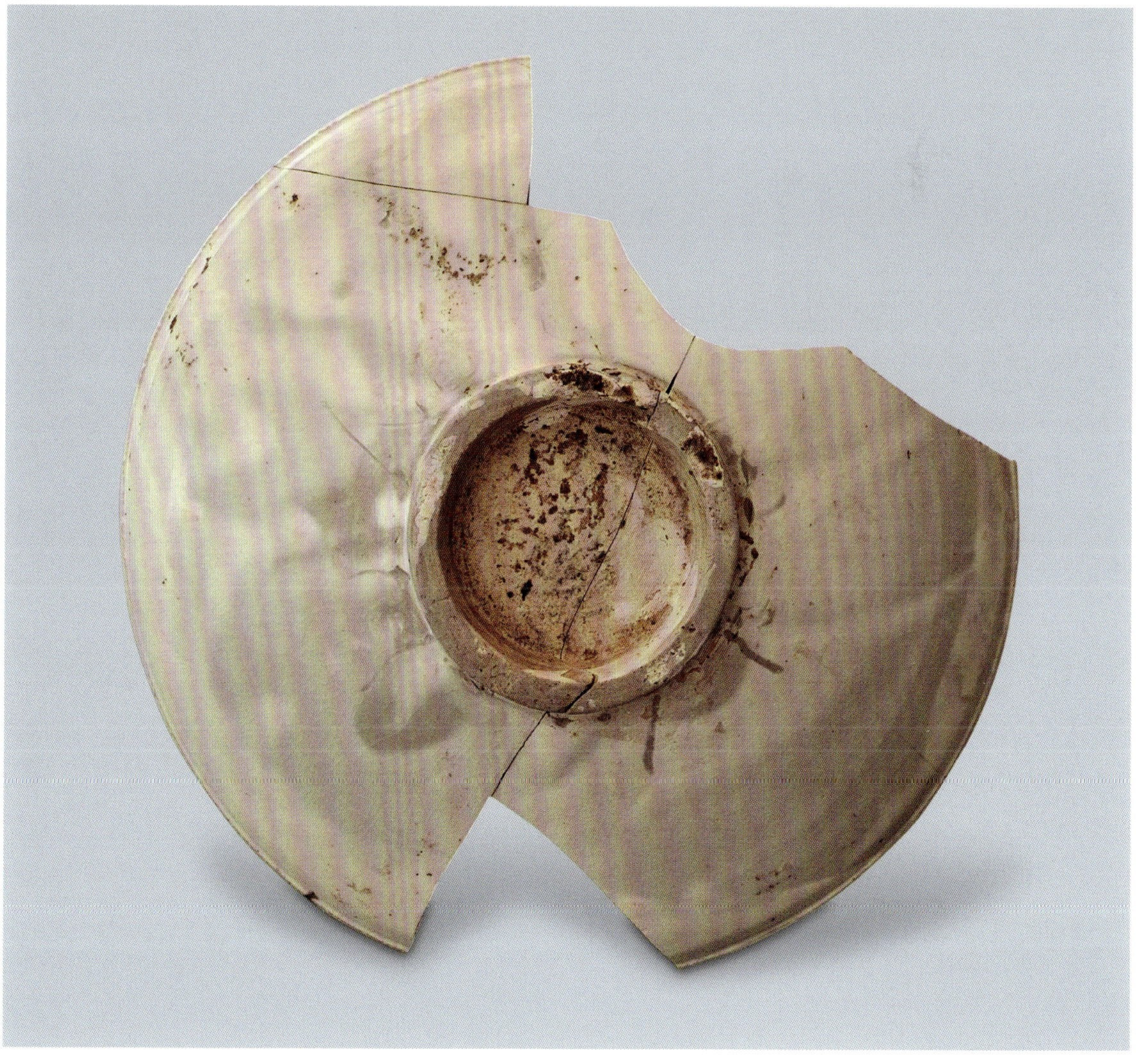

白釉碗 金 (12SLT12②:15)

残，口径 20.2 厘米，底径 7 厘米，通高 5 厘米，釉厚 0.3 毫米

敞口，卷沿，圆唇，弧腹，圈足，挖足过肩。内施满釉，外施白釉至下腹部，釉下施白色化妆土，釉面有小开片，有积釉、流釉现象。外圈足底有墨书。内外底均有 5 个支钉痕。灰白色胎，致密细腻。

白釉划花碗 宋（12SLT04⑭：69）

残，口径25.4厘米，底径10.7厘米，通高6.2厘米，釉厚0.2毫米。
侈口，圆唇，弧腹，圈足。内施满釉，外施白釉至下腹部，釉下施白色化妆土，釉面有小开片，有积釉、流釉现象。内外底均有3个支钉痕。内口沿下饰一周弦纹，下划花卉纹、卷草纹。夹砂黄褐色胎，较致密。

白釉印花碗 金 (12SLT12②:9)

口径 19.8 厘米，底径 7.4 厘米，通高 7.5 厘米，釉厚 0.2 毫米

敞口，圆唇，弧腹，圈足。内施满釉，外施白釉至下腹部，釉下施白色化妆土，釉面有小开片，有积釉、流釉现象。内底刻花卉纹。外圈足底有模糊墨书。浅黄色胎，较致密。

白釉划花碗 金 (12SLT04②:9)

残,口径 20.4 厘米,底径 6.6 厘米,通高 7.6 厘米,釉厚 0.3 毫米

敞口,圆唇,弧腹,圈足,挖足过肩。内施满釉,外施白釉至下腹部,釉下施白色化妆土,内饰划花纹,内底有 5 个支钉痕,外底墨书。浅黄褐色胎,较致密。

白釉印花芒口碗 金（12SLT21③：65）

残，口径17厘米，底径11厘米，通高8厘米，釉厚0.1毫米

敞口，芒口，尖圆唇，深弧腹，圈足。内外满施白釉，釉色白中泛青，有积釉现象。内底印草叶纹，腹内印连枝菊花纹，上部浅饰一周回纹。胎体轻薄，灰白色胎，致密细腻。

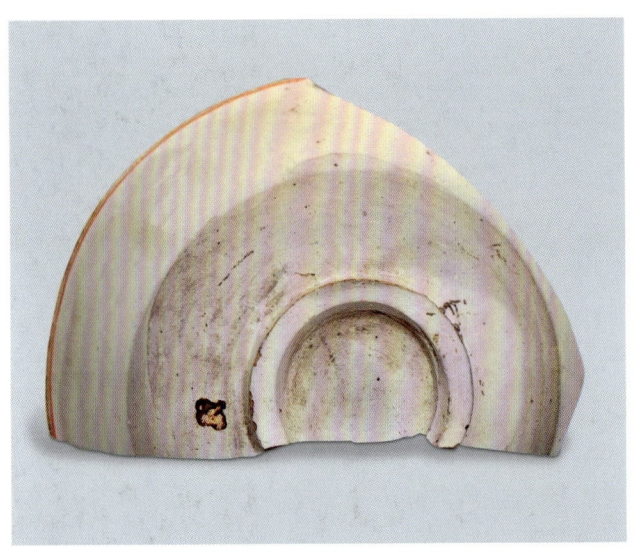

白釉红绿彩碗 元（12SLT13③：1）

口径15厘米，底径5.3厘米，通高5.5厘米，釉厚0.8毫米

敞口，圆唇，弧腹，圈足。内施满釉，外施白釉至下腹部，釉下施白色化妆土，釉面有小开片，有积釉、流釉现象。内外口沿施宽边黄彩，下施窄红彩；内下腹部以红彩饰梅花纹，中间以红绿彩饰花卉纹。夹砂浅黄褐色胎，较粗。

白釉红绿彩文字盘 金元 （12SLT21③：109）

残，口径15.7厘米，底径6.2厘米，通高3.2厘米，釉厚0.5毫米

敞口，圆唇，弧腹，圈足。内施满釉，外施白釉至下腹部，釉下施白色化妆土，釉面有小开片，有积釉现象。口沿顶部饰两条红彩夹黄彩的条带纹，下腹部以红彩施一道宽、一道细的连弧弦纹，内底以红彩行草书"为争三口气，白了少年头"。内底有5个支钉痕。浅灰色胎，较疏松。

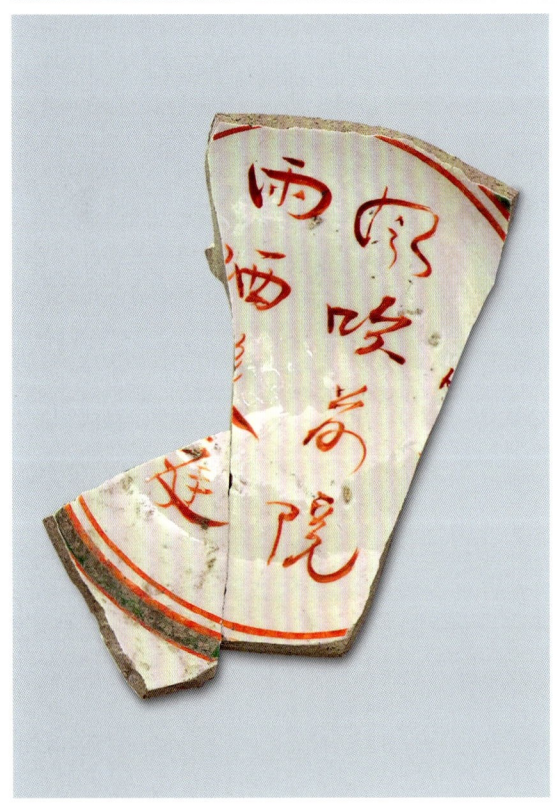
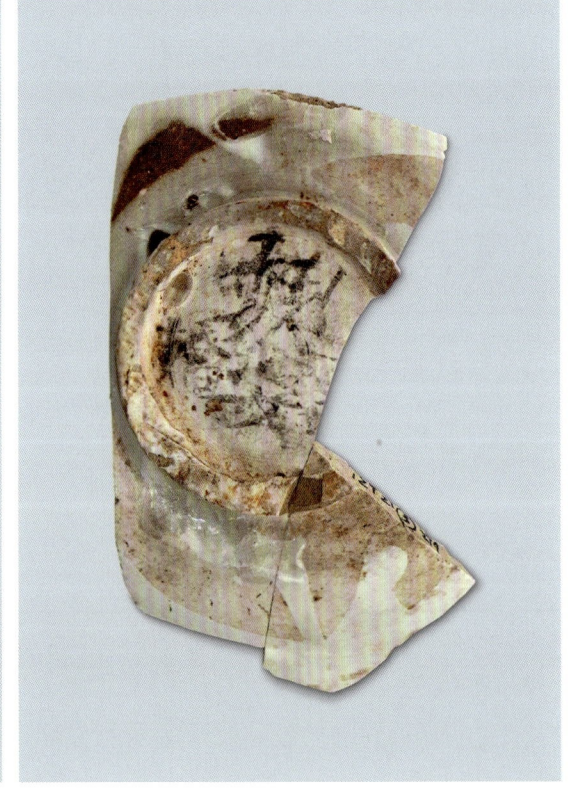

红绿彩文字碗 金元（12SLT21③：279）

残，残高 4.1 厘米，釉厚 0.1 毫米

弧腹、圈足。内施满釉，外施白釉至下腹部，釉下施白色化妆土，釉面有小开片，有积釉、流釉现象。内下腹部饰一周红彩夹绿彩的条带纹，其下饰一周红彩细弦纹，内底以红彩行草书"风吹前院，雨洒后庭"，其中"后"字多半缺失。灰色胎，较致密细腻。

白釉褐彩碗 元（99SLT8H1：20）

口径 16.5 厘米，底径 6.4 厘米，通高 6.2 厘米

侈口，圆唇，弧腹，上腹内凹，圈足。内施满釉，外施青釉至上腹部，釉下施白色化妆土，釉面有小开片，有积釉、流釉现象。内底以褐彩绘宽弦纹，内褐彩书文字。外底有 5 个支钉痕。灰胎，较粗。

白釉褐彩碗 元（99SLT8H1：19）

口径 16.1 厘米，底径 6.2 厘米，通高 5.4 厘米

侈口，圆唇，弧腹，上腹内凹，圈足。内施满釉，外施青釉至腹中部，釉下施白色化妆土，釉面有小开片，有积釉、流釉现象。内腹中部以褐彩绘两周粗细不匀的弦纹，内饰褐彩花纹。外底有 5 个支钉痕。灰胎，较粗。

白釉褐彩碗 元（12SLT13③：16）

残，口径 13.4 厘米，底径 4.4 厘米，通高 5 厘米，釉厚 0.1 毫米

侈口，圆唇，弧腹，圈足。内有涩圈，外施白釉至下腹部，釉下施白色化妆土，釉面有小开片，有积釉、流釉现象。内腹部以褐彩饰两处花纹。黄褐色胎，致密细腻。

白釉黑花碗 元（12SLH4：15）

残，口径 15.8 厘米，底径 5.6 厘米，通高 5.9 厘米，釉厚 0.2 毫米

敞口，圆唇，弧腹，圈足微外撇，挖足过肩。内施满釉，外施白釉至下腹部，釉下施白色化妆土，有积釉、流釉现象。内口沿以黑彩饰一周宽弦纹，内下腹部饰花卉纹，内底施两周细弦纹，中间饰"花"字纹；外上腹部饰宽弦纹。灰色胎，致密细腻。

白釉黑花碗 元（12SLT21③：121）

残，口径15.3厘米，底径5.2厘米，通高6.4厘米，釉厚0.1毫米

侈口，圆唇，弧腹，圈足。内施满釉，外施白釉至下腹部，釉下施白色化妆土，釉面有小开片，有积釉现象。内底有支钉痕。口沿向下依次以黑彩饰两周条带纹、花卉纹。其中花卉写意，由五片叶子和五瓣花组成。夹砂浅黄色胎，较粗。

青釉碗 唐（99SLT6⑧：404）

口径 12.8 厘米，底径 5 厘米，通高 4.5 厘米
敛口，圆唇，弧腹，玉璧底。内施满釉，外施青釉至腹中部，釉面有小开片，有积釉现象。灰色胎。

青釉碗 唐（99SLT5⑧：122）

口径 16.6 厘米，底径 7.2 厘米，通高 6.5 厘米
敞口，圆唇，弧腹，饼底。内施满釉，外施青釉至上腹部，釉下施白色化妆土，有积釉、流釉、窑变现象。夹粗砂浅黄色胎。

青釉碗 唐（12SLT04YD⑳：100）

残，口径14.9厘米，底径6.3厘米，通高4.6厘米，釉厚0.1毫米

侈口，圆唇，斜直腹，玉璧底外沿斜削。内施满釉，外施青釉至下腹部，有积釉、流釉现象。内外底均有7个支钉痕。灰色胎，较致密细腻。

青釉碗 唐 (12SLT04YD⑳:88)

残,口径14.2厘米,底径5.9厘米,通高4.8厘米,釉厚0.3毫米

敞口,圆唇,斜直腹,玉璧底,外沿斜削。内施满釉,外施青釉至下腹部,釉下施白色化妆土,釉面有小开片,有积釉、流釉现象。外足跟部有刀削痕迹。灰色胎,较致密。

青釉碗 唐（12SLT04YD⑳：58）

残，口径13.9厘米，底径5.5厘米，通高5.2厘米，釉厚0.2毫米

敞口，圆唇，斜直腹，玉璧底，外沿斜削。内施满釉，外施青釉至下腹部，釉下施白色化妆土，釉面有小开片，有积釉、流釉现象。夹砂浅灰色胎，较致密。

青釉碗 宋（12SLT04⑭：83）

残，口径 11.8 厘米，底径 5.3 厘米，通高 3.2 厘米，釉厚 0.2 毫米

敞口，卷沿，圆唇，弧腹，玉璧底。内施满釉，外施青釉至下腹部，釉面有小开片，有积釉、流釉、飞釉现象。灰白色胎，致密细腻。

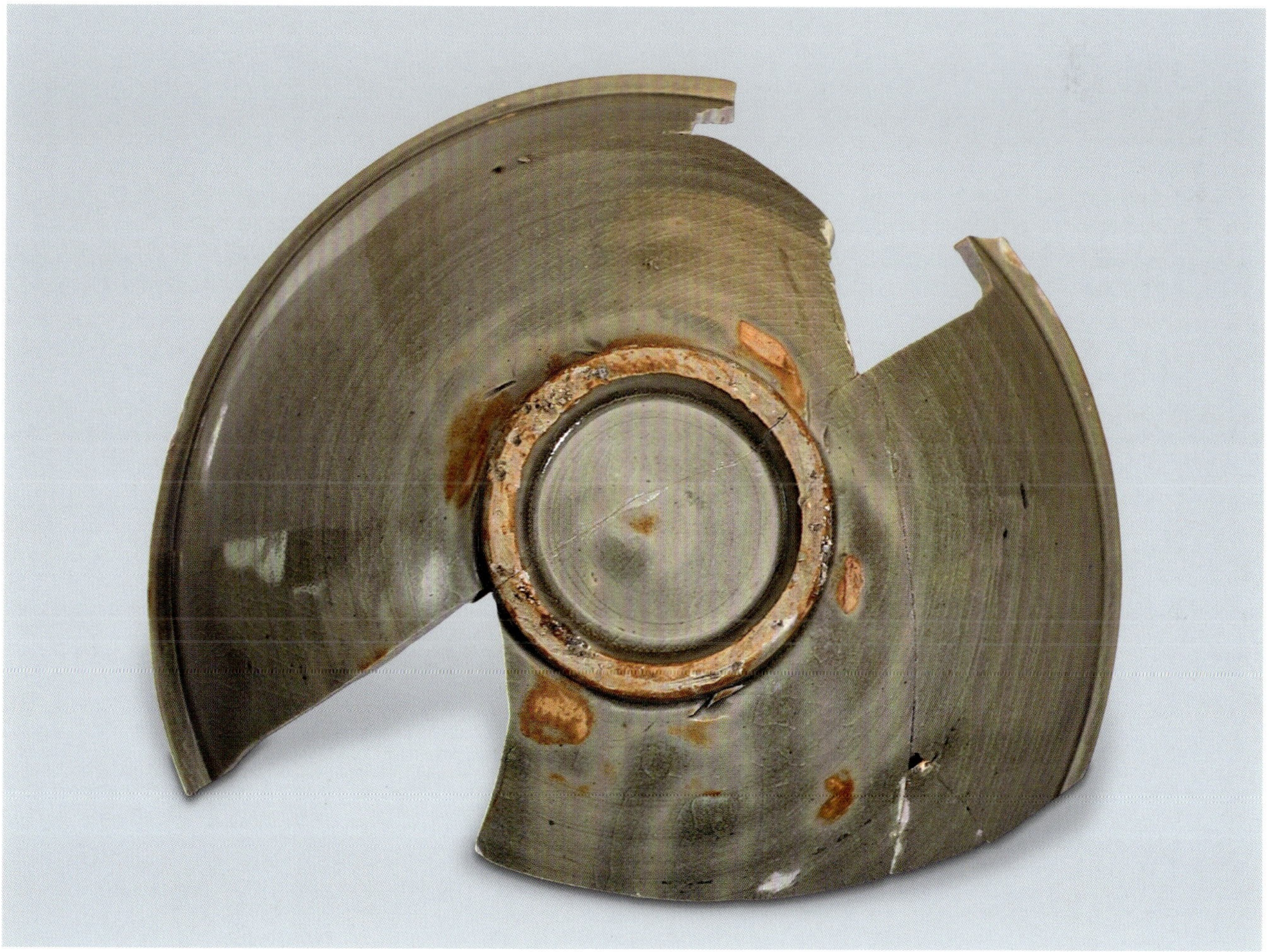

青釉碗 宋（12SLT12⑫：191）

残，口径17厘米，底径5.2厘米，通高8厘米，釉厚0.2毫米

侈口，圆唇，弧腹，圈足。除外圈足底外均满施青釉，釉面有小开片，有积釉、流釉现象。灰色胎，致密细腻。

青釉碗 宋（12SLT12⑪：48）

残，口径 19.8 厘米，底径 5.4 厘米，通高 8.9 厘米，釉厚 0.4 ~ 0.6 毫米

侈口，圆唇，弧腹，圈足。除外圈足外均满施青釉，釉面有小开片，有积釉、流釉现象。浅灰色胎，较致密细腻。

青釉碗 宋（12SLT13⑩∶266）

口径17.6厘米，底径7.4厘米，通高7.4厘米，釉厚0.2毫米

敞口，卷沿，圆唇，弧腹，圈足，圈足旋削一刀。内施满釉，外施青釉至圈足，釉面有小开片，有积釉现象。腹底处饰一周斜弦纹。浅灰色胎，致密细腻。

青釉碗 宋（12SLT12⑩：272）

残，口径15.8厘米，底径6.4厘米，通高6厘米，釉厚0.2～0.8毫米
侈口，圆唇，弧腹，圈足。内饰满釉，外施青釉至下腹部，有积釉、流釉现象。外口沿下饰斜线纹。浅灰白色胎，致密细腻。

青釉碗 宋（12SLT04⑫：8）

口径 14.6 厘米，底径 5 厘米，通高 6.9 厘米，釉厚 0.1 毫米

口沿内凹，尖圆唇，弧腹，圈足。内施满釉，外施青釉至下腹部，有积釉现象。浅灰色胎，较致密细腻。

青釉碗 宋（12SLT12⑩:598）

残，口径14.8厘米，底径5.2厘米，通高7.4厘米，釉厚0.1毫米
口沿内凹，尖圆唇，弧腹，高圈足。内施满釉，外施青釉至下腹部，有积釉现象。灰白色胎，较致密细腻。

青釉碗 宋（12SLT21⑩：21）

残，口径16.3厘米，底径6厘米，通高8.2厘米，釉厚0.1毫米
口沿内凹，尖圆唇，弧腹，圈足。内施满釉，外施青釉至下腹部，有积釉现象。灰白色胎，致密细腻。

青釉葵口碗 宋（12SLT04⑭：246）

残，口径15厘米，底径6.9厘米，通高4.8厘米，釉厚0.1毫米
侈口，葵口，圆唇，弧腹，圈足。内施满釉，外施青釉至下腹部。内壁有一道凹弦纹。灰白色胎，致密细腻。

青釉葵口出筋碗 宋（12SLT24⑬：5）

残，口径15.1厘米，底径6.5厘米，通高7.6厘米，釉厚0.1毫米

侈口，葵口，圆唇，弧腹，内出筋，圈足微内收，外足底旋削一刀，内底部有放射状划痕。除外底外均满施青釉，釉面有小开片，有流釉现象。浅灰色胎。

青釉葵口碗 宋（12SLT12⑩：175）

残，口径 11.7 厘米，底径 4.2 厘米，通高 5.8 厘米，釉厚 0.2 毫米

侈口、葵口、尖圆唇、弧腹、圈足。内施满釉，外施青釉至圈足，外腹部刻划伞箍纹。外底墨书押记。浅灰色胎，致密细腻。

青釉刻划花碗

金元（12SLT12②：38）

残，口径13.8厘米，底径4.3厘米，通高5.9厘米，釉厚0.3~0.8毫米

侈口，圆唇，弧腹，圈足。内施满釉，外施青釉至圈足，釉面有小开片，有积釉现象。内刻划水波纹、花卉纹。浅灰色胎，致密细腻。

青釉印花碗 宋（12SLT04⑭：141）

残，口径12.6厘米，底径3.9厘米，通高5.6厘米，釉厚0.2毫米

侈口，圆唇，弧腹，圈足。内外满施青釉，釉面有小开片，有积釉、流釉现象。内饰界格，中有菊花纹。灰色胎，致密细腻。

青釉印花碗 宋（12SLT21⑫∶57）

残，口径12.7厘米，底径3厘米，通高5.6厘米，釉厚0.2~1.5毫米
侈口，圆唇，弧腹，圈足。除外底外均满施青釉，釉面有小开片，有积釉现象。内腹部印缠枝菊花纹。浅灰色胎，致密细腻。

青釉印花碗 宋 （12SLT12⑩：224）

残，口径13.3厘米，底径4.4厘米，通高3.6厘米，釉厚1毫米

侈口，圆唇，弧腹，圈足。除外圈足底外均满施青釉，釉面有小开片，有积釉现象。内从口沿到底依次印弦纹、水波纹、花卉纹。浅灰色胎，较致密细腻。

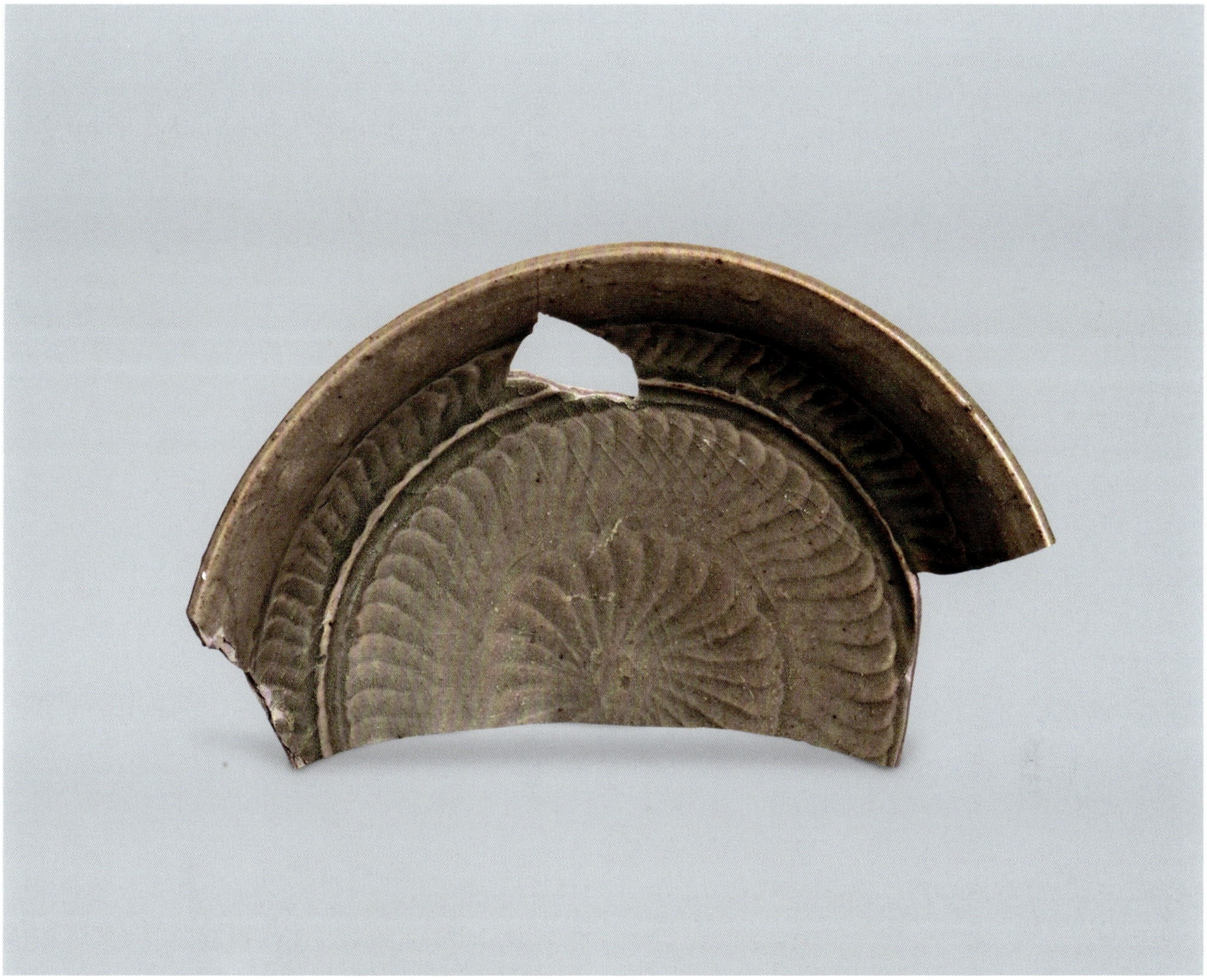

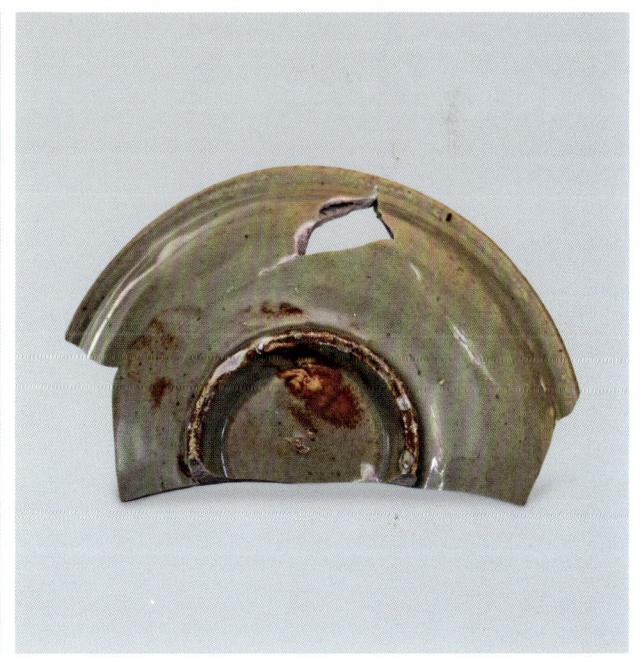

青釉印花碗 唐（12SLT12⑫：126）

残，口径13.4厘米，底径5厘米，通高4厘米，釉厚0.3毫米

侈口，圆唇，弧腹，圈足外撇。内外均满施青釉，有积釉现象。内印多重菊花纹。灰色胎，致密细腻。

青釉印花碗 宋（12SLT12⑩∶716）

残，口径 14.4 厘米，底径 5.4 厘米，通高 3.8 厘米，釉厚 0.3~1 毫米

侈口，圆唇，弧腹，浅圈足。除外圈足底外均满施青釉，釉面有小开片，有积釉现象。内腹印海水纹，内底印花卉纹。浅灰色胎，致密细腻。

青釉印花碗 宋（12SLT13⑩：103）

残，口径 22.8 厘米，底径 6.9 厘米，通高 10 厘米，釉厚 0.5 毫米

撇口，圆唇，弧腹，圈足。除外圈足底外均满施青釉，釉面有小开片，有积釉现象。内印缠枝菊花纹，器外刻伞箍纹。灰色胎，致密细腻。

青釉印花碗 宋（12SLT12⑩：299）

残，口径14.6厘米，底径4.4厘米，通高2.9厘米，釉厚0.2毫米

撇口，尖圆唇，弧腹，圈足。内施满釉，外施青釉至腹中部，釉面有小开片，有积釉现象。内底印缠枝花卉纹。灰色胎，较致密。

钧釉碗 元（12SLT14②：19）

残，口径11.7厘米，底径6.2厘米，通高4.6厘米，釉厚0.3~1毫米

敞口，圆唇，弧腹，圈足。除外圈足底外均满施天青釉，釉面有小开片，有积釉现象。灰色胎，较致密细腻。

钧釉碗 元（12SLT04②：24）

残，口径10.5厘米，底径5.6厘米，通高5.2厘米，釉厚0.1~3.2毫米

直口，尖圆唇，直腹折收，圈足。内施满釉，外施天青色釉至下腹部，釉面有小开片，有积釉、窑变现象。夹砂黑灰色胎，较致密。

青白釉碗 宋（12SLT04⑭：199）

残，口径16.8厘米，底径7.6厘米，通高8.6厘米，釉厚0.1毫米

侈口，尖圆唇，弧腹，圈足。内施满釉，外施青白釉至圈足，釉面有开片，有积釉、流釉、飞釉现象。白色胎，较致密。

青白釉碗 宋（12SLT04⑭：179）

残，口径16.7厘米，底径5.8厘米，通高4.2厘米，釉厚0.3毫米

撇口，圆唇，弧腹折收，圈足。内施满釉，外施青白釉至圈足，釉色泛灰，釉面有小开片，有积釉、流釉现象。浅黄色胎，较致密。

青白釉碗 宋（12SLT12⑫：26）

口径16.3厘米，底径5.8厘米，通高8.1厘米，釉厚0.2毫米
侈口，尖圆唇，弧腹，高圈足。除外底外均满施青白釉，釉面有小开片，有积釉、流釉现象。白色胎，较致密细腻。

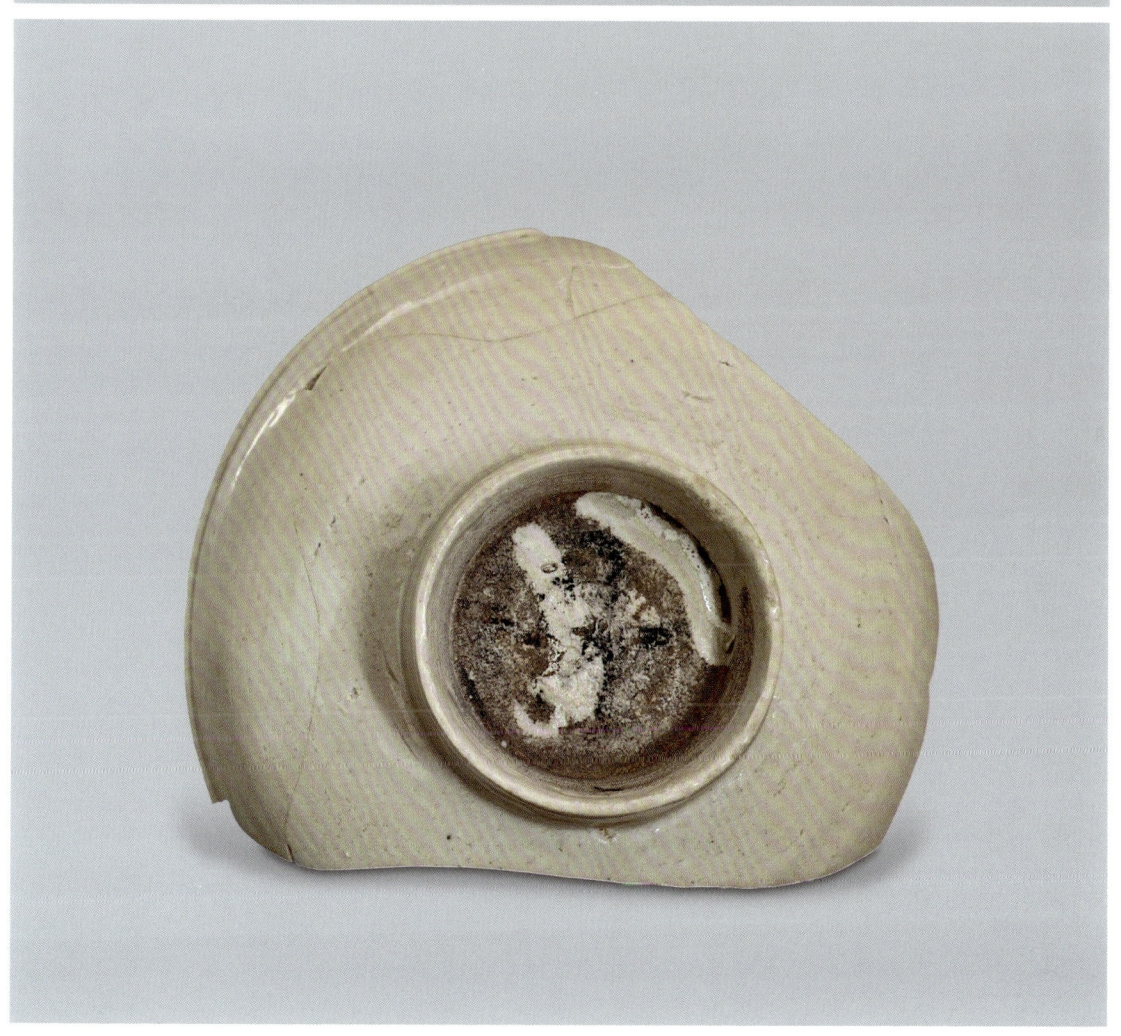

青白釉碗 宋（12SLT12⑫：411）

残，口径15.2厘米，底径6.2厘米，通高7.8厘米，釉厚0.2毫米

敞口，卷沿，圆唇，弧腹，圈足。内施满釉，外施青白釉至圈足，釉面有小开片，有积釉、流釉现象。外底有墨迹。白色胎，致密细腻。

青白釉碗 宋（12SLT12⑫∶92）

口径18.5厘米，底径6.2厘米，通高5.8厘米，釉厚0.1毫米

敞口，尖圆唇，弧腹，浅圈足微内收。除外底外均满施青白釉，釉面有小开片，有积釉现象。白色胎，致密细腻。

青白釉高足碗 宋（12SLT12⑪：36）

残，口径14.2厘米，底径5.4厘米，通高6.9厘米，釉厚0.1毫米

敞口，卷沿，圆唇，弧腹，高圈足。内施满釉，外施青白釉至圈足，有积釉现象。外底墨书"大安"二字。白色胎，致密细腻。

青白釉碗 宋（12SLT04⑪：6）

残，口径16.9厘米，底径4.5厘米，通高7.5厘米，釉厚0.3毫米

侈口，尖圆唇，弧腹，高圈足。除圈足心外均满施青白釉，釉面有小开片。白色胎，致密细腻。

青白釉碗 宋（12SLT12⑩：521）

残，口径 15 厘米，底径 6 厘米，通高 7 厘米，釉厚 0.1 毫米

敞口，卷沿，圆唇，弧腹，圈足。内施满釉，外施青白釉至圈足，釉面有小开片，有积釉现象。灰白色胎，致密细腻。

青白釉碗 宋（12SLT13⑩：165）

残，口径16厘米，底径7.4厘米，通高7.5厘米，釉厚0.1毫米

侈口，尖圆唇，弧腹，高圈足。内施满釉，外施青白釉至圈足，釉面有小开片，有积釉现象。白色胎，致密细腻。

青白釉碗 宋（12SLT13⑩：167）

残，口径16厘米，底径4.6厘米，通高7.4厘米，釉厚0.1毫米
侈口，尖圆唇，弧腹，高圈足。内施满釉，外施青白釉至下腹部，釉面有小开片，有积釉、流釉现象。白色胎，致密细腻。

青白釉碗 宋（12SLT13⑩：169）

残，口径15.8厘米，底径4.7厘米，通高8.2厘米，釉厚0.1毫米
侈口，尖圆唇，弧腹，高圈足。内施满釉，外施青白釉至圈足底，釉面有小开片，有积釉现象。白色胎，致密细腻。

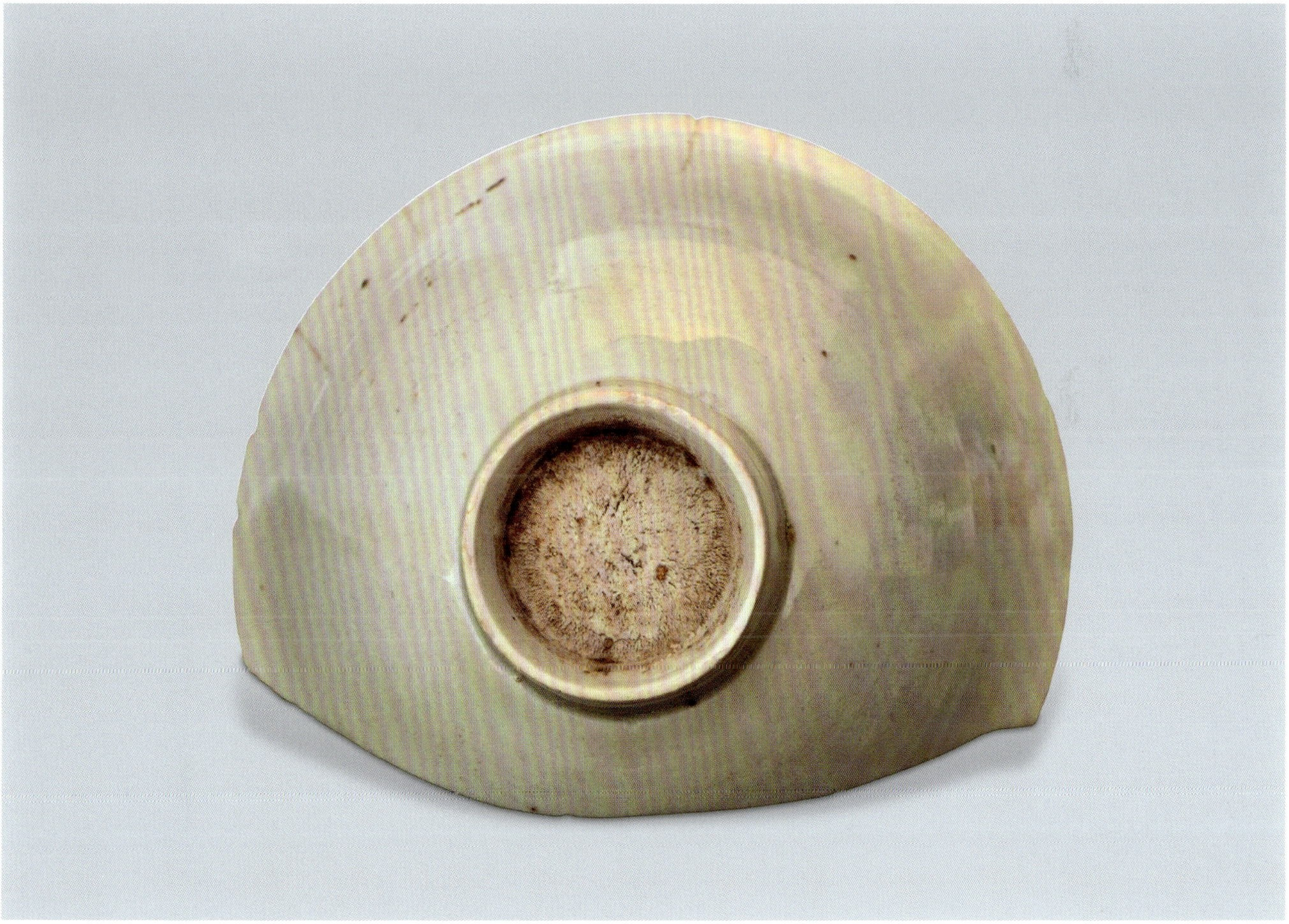

青白釉碗 宋（12SLT21④：44）

残，口径15.8厘米，底径4.9厘米，通高8.6厘米，釉厚0.1毫米

侈口，尖圆唇，弧腹，高圈足微内收。除外底外均满施青白釉，有积釉现象。白色胎，致密细腻。

青白釉葵口出筋碗 宋（12SLT04⑭：264）

残，口径11厘米，底径3.1厘米，通高5.4厘米，釉厚0.3毫米

侈口，葵口，尖圆唇，弧腹，内出筋，圈足。内施满釉，外施青白釉至圈足，釉面有小开片，有积釉、流釉现象。白色胎，较致密细腻。

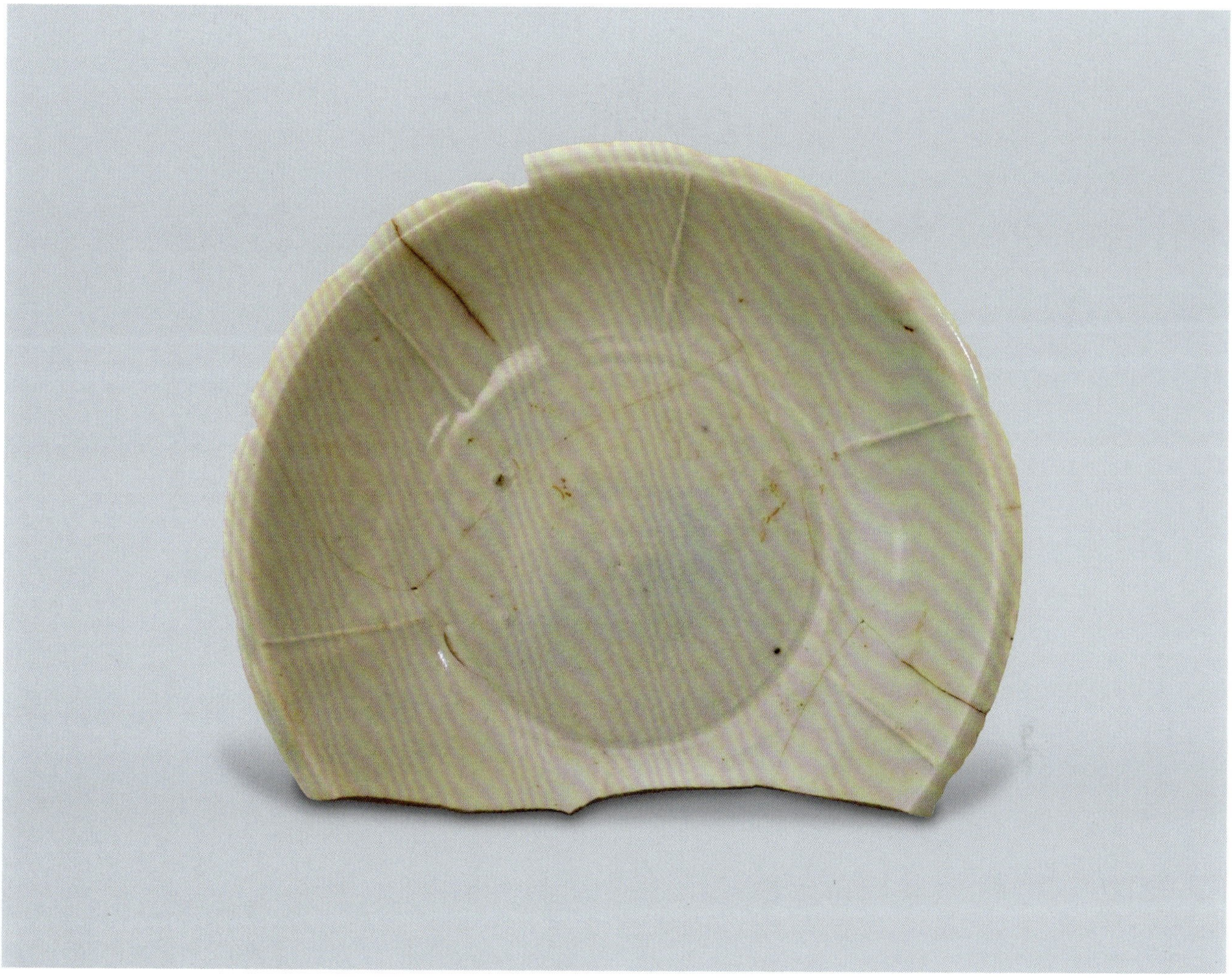

青白釉葵口出筋碗 宋（12SLT24⑬：48）

残，口径 13.6 厘米，底径 4.6 厘米，通高 3.4 厘米，釉厚 0.2 毫米

侈口，葵口，平沿，尖圆唇，内出筋，弧腹，圈足，内足墙极低。除外底外均满施青白釉，釉面有小开片，有积釉现象。外底墨书"大安"二字。白色胎，致密细腻。

青白釉葵口出筋碗 宋（12SLT12⑩：62）

残，口径 11.2 厘米，底径 4.4 厘米，通高 7 厘米，釉厚 0.2 毫米
侈口，葵口，内出筋，尖圆唇，弧腹，高圈足。除外圈足底外均满施青白釉，釉面有小开片，有积釉现象。白色胎，致密细腻。

青白釉划花碗 宋（12SLT12⑫：349）

残，口径 16.2 厘米，底径 7 厘米，通高 7.9 厘米，釉厚 0.1 毫米
敞口，尖圆唇，弧腹，圈足。内施满釉，外施青白釉至圈足，釉面有小开片，有积釉现象。内腹部饰花纹，外腹部饰斜线纹。白色胎，较致密细腻。

青白釉刻划碗 宋（12SLT12⑪：5）

残，口径 16.2 厘米，底径 7.2 厘米，通高 8.5 厘米，釉厚 0.2 毫米

侈口，尖圆唇，弧腹，圈足。内施满釉，外施青白釉至圈足，釉面有小开片，有积釉现象，釉面无光泽。外腹部刻划花卉纹，白色胎。

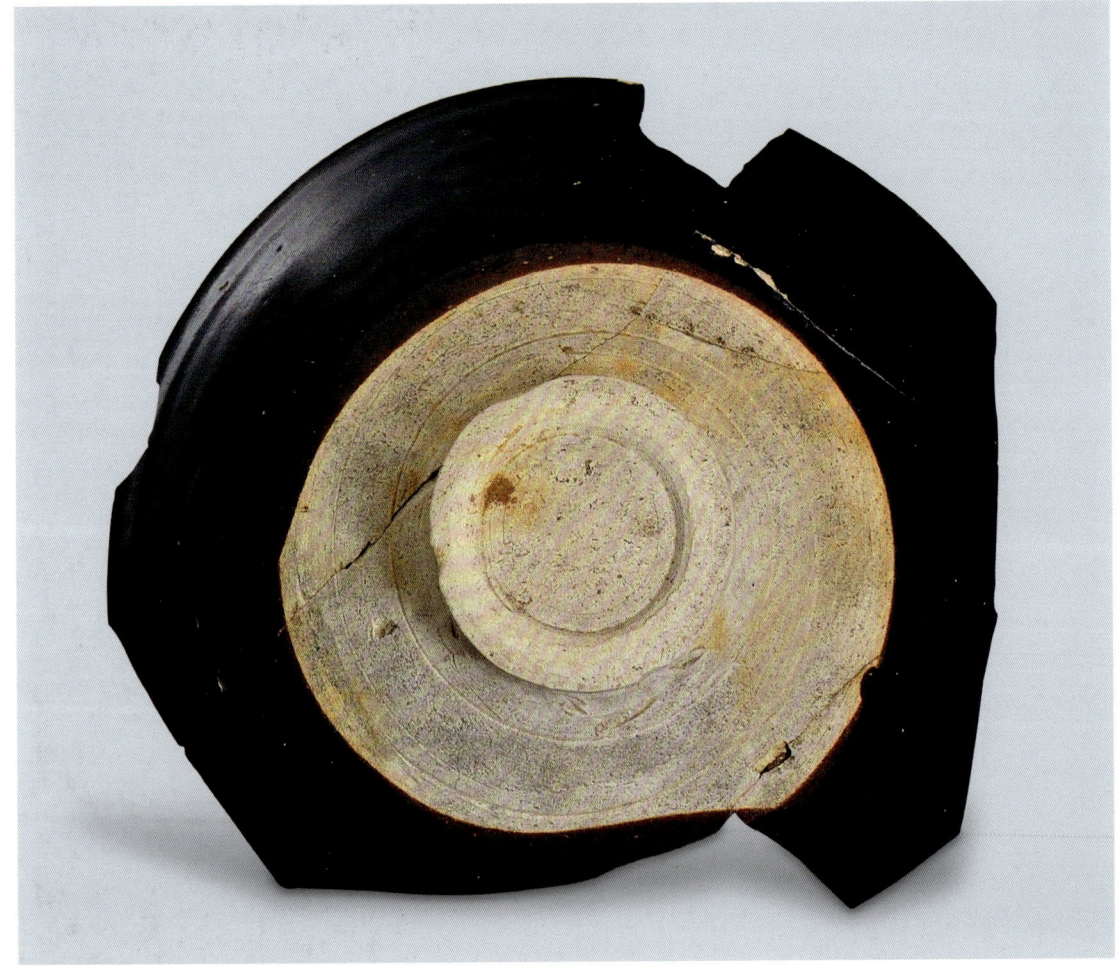

黑釉碗 宋（12SLT12⑩：295）

残，口径19厘米，底径5.4厘米，通高8.6厘米，釉厚0.1～0.2毫米

侈口，圆唇，弧腹，圈足。内施满釉，外施黑釉至下腹部，釉面有小开片，有积釉现象。灰色胎，较致密。

黑釉涩圈碗 金（12SLH4∶9）

残，口径19.3厘米，底径5.9厘米，通高6.9厘米，釉厚0.2毫米

侈口，圆唇，弧腹，圈足，挖足过肩。内有涩圈，外施黑釉至下腹部，有积釉现象。浅灰色胎，较致密细腻。

黑釉碗 宋（12SLT12②：5）

残，口径13厘米，底径4厘米，通高6厘米，釉厚0.3~1毫米

侈口，圆唇，弧腹，圈足斜削。内施满釉，外施黑釉至下腹部，有积釉、流釉、飞釉现象。浅黄褐色胎，较致密细腻。

黑釉碗 元（12SLT14②：97）

残，口径 14.3 厘米，底径 5.1 厘米，通高 5.7 厘米，釉厚 0.3～1 毫米

敞口，圆唇，弧腹，玉璧底，外沿斜削。内施满釉，外施釉至腹中部，釉下施紫褐色胎浆水，有积釉、流釉及窑变现象。灰黄色胎，较细腻。

外黑内白釉碗 金（12SLT21⑤：1）

残，口径12.1厘米，底径5.7厘米，通高4厘米，釉厚0.2毫米

敞口，圆唇，弧腹，圈足斜削。内满施白釉，内口沿及外部施黑釉至下腹部，釉面有小开片，有积釉现象。内外底均有5个支钉痕。夹砂黄褐色胎，较致密。

黄釉碗 唐 （99SLT8⑥：134）

口径 13.2 厘米，底径 6.9 厘米，通高 7.7 厘米

敞口，圆唇，弧腹，饼底。内施满釉，外施黄釉至下腹部，釉面有小开片，有积釉现象。浅黄色胎。

黄釉碗 唐 （99SLT8⑤：159）

口径 16.3 厘米，底径 6.6 厘米，通高 7.2 厘米

敞口，卷沿，弧腹，饼底。内施满釉，外施黄釉至上腹部，釉面有小开片。夹粗砂黄色胎。

黄釉碗 唐（99SLT6⑨：395）

口径 16.8 厘米，底径 7.8 厘米，通高 6.7 厘米

敞口，圆唇，弧腹，饼底。内施满釉，外施黄釉至上腹部，釉下施白色化妆土，釉面有小开片，有积釉、流釉现象。外下腹部墨书"傅"字。内底有 3 个支钉痕。夹砂浅黄色胎。

黄釉碗 唐（99SLT5⑧：10）

口径 17.8 厘米，底径 8 厘米，通高 7.7 厘米

侈口，圆唇，口沿下有一周凹槽，弧腹，饼底。内施满釉，外施黄釉至腹中部，釉下施白色化妆土，有积釉、流釉现象。外下腹部墨书"王皃记"，5 个"袁"字，外底有墨书"王見""袁"。内底有 3 个支钉痕。夹砂浅黄色胎。

黄釉碗 唐（12SLT04YD22：4）

残，口径 16.7 厘米，底径 7.1 厘米，通高 7.2 厘米，釉厚 0.1 毫米

器物变形。侈口，圆唇，弧腹，饼底。内施满釉，外施黄釉至腹中部，釉面有小开片，有积釉、流釉现象。内底有支钉痕，外下腹部有墨书。夹砂浅黄色胎，较粗。

黄釉碗 唐（12SLT04YD⑳：159）

残，口径 17.3 厘米，底径 8.2 厘米，通高 6.5 厘米，釉厚 0.3 毫米

敛口，圆唇，外口沿下有一道束箍，弧腹，饼底。内施满釉，外施黄釉至腹中部，釉面有小开片，釉下施白色化妆土，有积釉、流釉、飞釉现象。内底有 3 个支钉痕。夹砂浅黄色胎，粗糙。

黄釉碗 唐 （99SLT6⑧：401）

口径 20.5 厘米，底径 8.4 厘米，通高 8.1 厘米
敞口，弧腹，玉璧底。内施满釉，外施黄釉至下腹部，腹部有积釉、流釉现象。内外底均有 3 个圆形支钉痕。浅黄色胎。

黄釉碗 唐 （99SLT6⑧：407）

口径 18.6 厘米，底径 7.4 厘米，通高 6.3 厘米
侈口，卷沿，弧腹，玉璧底。内施满釉，外施黄釉至下腹部，釉面有小开片。夹粗砂黄色胎。

黄釉碗 唐（99SLT6⑧：399）

口径 14.6 厘米，底径 6.4 厘米，通高 5.2 厘米

敛口，圆唇，弧腹，玉璧底。内施满釉，外施黄釉至下腹部，釉下施白色化妆土，釉面有小开片，有积釉现象。外下腹部有 3 处墨迹，外底墨书"姜"字。内底有 5 个支钉痕。夹砂浅黄色胎。

酱釉碗 唐 （99SLT8⑥：128）

口径 14.3 厘米，底径 7.2 厘米，通高 7.6 厘米

敞口，圆唇，弧腹，饼底。内外半施酱釉，有积釉、流釉现象。砖红色胎。

唐三彩碗 唐 （99SLT5⑧：13）

口径 10.8 厘米，底径 5.5 厘米，通高 4.9 厘米

敞口，窄沿外侈，圆弧腹，圈足。内满釉，外施半釉，底彩釉为白色泛绿色，在底釉上饰蓝色彩条纹，内口部间以绿彩。灰红色胎。

唐三彩碗 唐（99SLT8 ⑤：30）

口径 16.9 厘米，底径 9.3 厘米，通高 6.1 厘米

敞口，窄沿外侈，圆弧腹，圈足。内满釉，外施釉至下腹部，底彩釉为白色泛绿色，内饰绿彩草叶纹。灰红色胎。

唐三彩碗 唐（99SLT6⑧：336）

口径 20.4 厘米，底径 7.8 厘米，通高 7.1 厘米

敞口，宽沿外折，斜弧腹，饼底。内满釉，外施绿、黄、白三色彩釉，釉面光泽艳丽，质温润。灰红色胎。

白釉盏 宋 （12SLT12⑫：347）

口径 8.4 厘米，底径 3.6 厘米，通高 3.3 厘米

敛口，圆唇，弧腹，饼底。内施满釉，外施白釉至上腹部，釉下施白色化妆土，釉面有小开片，有积釉现象。夹砂砖红色胎，较粗。

白釉盏 宋（12SLT12⑫：445）

残，口径 8.6 厘米，底径 4 厘米，通高 2.6 厘米

侈口，圆唇，弧腹，圈足。内施满釉，外施白釉至下腹部，釉下施白色化妆土，有积釉、流釉现象。黄褐色胎，较致密。

白釉盏 宋（12SLT12⑪：29）

口径10.7厘米，底径4.5厘米，通高3.4厘米，釉厚0.2毫米

侈口，圆唇，弧腹，圈足斜削。内施满釉，外施白釉至下腹部，釉下施白色化妆土，釉面有小开片，有积釉、流釉现象。灰色胎，较致密。

白釉盏 宋（12SLT12⑩：552）

口径 10.4 厘米，底径 4.7 厘米，通高 3 厘米

敛口，圆唇，弧腹，圈足斜削。内施满釉，外施白釉至下腹部，釉下施白色化妆土，釉面有小开片，有积釉现象。灰色胎，较致密。

白釉盏 宋（12SLT12⑩：424）

口径 10.4 厘米，底径 4.2 厘米，通高 2.8 厘米

敛口，圆唇，弧腹，圈足斜削。内施满釉，外施白釉至下腹部，釉下施白色化妆土，釉面有小开片，有积釉现象。浅烟灰色胎，较致密。

白釉盏 宋（12SLT21⑩：273）

残，口径 11 厘米，底径 4.9 厘米，通高 3.2 厘米，釉厚 0.1 毫米
敛口，圆唇，弧腹，圈足斜削。内施满釉，外施白釉至下腹部，釉下施白色化妆土，釉面有小开片，有积釉现象。青灰色胎，较致密。

白釉斗笠盏 金 （12SLT04③：15）

残。口径12.8厘米，底径3.5厘米，通高4厘米，釉厚0.2毫米
敞口，尖圆唇，斜弧腹，圈足。白釉微泛青灰，内施满釉，外施釉至圈足。内外底均有5个支钉痕。灰白色胎，较致密细腻。

白釉涩圈盏 金元 （12SLT13②：12）

残。口径11厘米，底径5.4厘米，通高3.3厘米，釉厚0.1毫米
敞口，圆唇，弧腹，圈足斜内削。内有涩圈，外施白釉至下腹部，釉下施白色化妆土，釉面有小开片，有积釉现象。夹砂砖红色胎，较粗。

白釉划花盏 金元 （12SLT14②：125）

残，口径 10.4 厘米，底径 3.6 厘米，通高 4.4 厘米，釉厚 0.1 毫米

敞口，圆唇，弧腹，圈足。内施满釉，外施白釉至圈足，有积釉、流釉现象。内口沿下饰一周凹弦纹，下饰划花线条纹。碗心有 4 个支钉痕。浅灰色胎，较致密细腻。

红绿彩盏 元（12SLT23②：11）

残，口径12.7厘米，底径4.7厘米，通高4.8厘米，釉厚0.1毫米

敞口，圆唇，弧腹，圈足。内施满釉，外施白釉至下腹部，釉下施白色化妆土，釉面有小开片，有积釉、流釉现象，下腹部至圈足施透明护胎釉。内口沿下以红彩饰两周弦纹，内下腹及底部以红、绿彩饰花草纹。浅灰色胎，致密细腻。

白釉褐彩盏 金元（12SLT21③：100）

残，口径 10.8 厘米，底径 4 厘米，通高 3.2 厘米，釉厚 0.1 毫米

敛口，圆唇，弧腹，圈足，挖足过肩。内施满釉，外施褐釉至上腹部，釉下施白色化妆土，有积釉现象。外口沿下施一道褐彩；内腹部施两道褐彩，内底饰花卉纹。浅黄褐色胎，较致密细腻。

青釉盏 唐（99SLT8⑥：42）

口径 8.3 厘米，底径 3.8 厘米，通高 4.6 厘米

敛口，鼓腹，平底。内施满釉，外施青釉至下腹部，有积釉、流釉现象。夹砂灰黄色胎。

青釉盏 唐（12SLT04YD⑳：101）

残，口径12.2厘米，底径4.4厘米，通高4厘米，釉厚0.1毫米

敛口，圆唇，弧腹，玉璧底，外沿斜削。内施满釉，外施青釉至下腹部，釉下施白色化妆土，釉面有小开片，有积釉、流釉现象。外足跟部有刀削痕迹。灰色胎，较致密细腻。

青釉盏 唐（12SLT04YD⑳：106）

口径12.9厘米，底径4.7厘米，通高4.2厘米

敛口，圆唇，弧腹，玉璧底，外沿斜削。内施满釉，外施青釉至下腹部，釉下有白色化妆土，釉面有小开片，有积釉、流釉现象。外足跟部有刀削痕迹。砖红色胎，较致密。

青釉盏 唐（12SLT04YD⑳：117）

残，口径12.6厘米，底径4.8厘米，通高4.4厘米，釉厚0.2毫米

敛口，圆唇，弧腹，玉璧底。内施满釉，外施青釉至下腹部，釉下施白色化妆土，釉面有小开片，有积釉、流釉现象。外足跟部有刀削痕迹。浅灰色胎，较致密。

青釉盏 唐（12SLT04YD⑳：304）

残，口径12.9厘米，底径4.8厘米，通高4.1厘米，釉厚0.2毫米
敛口，圆唇，弧腹，玉璧底，外沿斜削。内施满釉，外施青釉至下腹部，釉下施白色化妆土，釉面有小开片，有积釉、流釉现象。灰色胎，较致密。

青釉盏 唐（12SLT04YD⑳：306）

残，口径13.2厘米，底径4.8厘米，通高4.3厘米，釉厚0.2毫米
敛口，圆唇，弧腹，玉璧底，外沿斜削。内施满釉，外施青釉至下腹部，釉下施白色化妆土，釉面有小开片，有积釉、流釉现象。外足跟部有刀削痕迹。灰色胎，较致密。

青釉盏　唐（12SLT04YD⑳：357）

残。口径12.6厘米，底径4.9厘米，通高4.2厘米，釉厚0.1～0.3毫米
敛口，圆唇，弧腹，玉璧底，外沿斜削。内施满釉，外施青釉至下腹部，釉下施白色化妆土，釉面有小开片，有积釉、流釉现象。外足跟部有刀削痕迹。灰色胎，较致密。

青釉盏 宋（12SLT04⑮∶64）

口径 10.6 厘米，底径 3.4 厘米，通高 3.6 厘米，釉厚 0.2 毫米

敞口，圆唇，斜直腹，圈足。内外满施青釉，有积釉现象。足底有窑粘。深灰色胎，较致密。

青釉盏 宋（12SLT12⑫:15）

残。口径12.2厘米，底径4.2厘米，通高4.7厘米，釉厚0.2毫米
侈口，厚唇，弧腹，圈足。内施满釉，外施青釉至下腹部，有积釉、流釉现象。灰色胎，较致密细腻。

青釉盏 宋（12SLT12⑫：474）

口径11.6厘米，底径3.4厘米，通高5.1厘米，釉厚0.2毫米

侈口，厚唇，弧腹，浅圈足。除外圈足底外均满施青釉，釉面有小开片，有积釉现象。灰色胎，致密细腻。

青釉盏 宋（12SLT21 ⑫：67）

口径 11.2 厘米，底径 3.2 厘米，通高 4.9 厘米，釉厚 0.1 毫米

侈口，厚唇，弧腹，浅圈足。内外满施青釉，釉面有小开片，有积釉现象。足底有窑粘。灰色胎，致密细腻。

青釉盏 宋（12SLT12⑫∶116）

残，口径12.3厘米，底径3.1厘米，通高5.2厘米，釉厚0.2毫米
侈口，厚唇，弧腹，浅圈足。除外圈足底外均满施青釉，釉面有小开片，有积釉现象。灰色胎，致密细腻。

青釉盏 宋（12SLT24⑫：3）

口径 10.8 厘米，底径 3.2 厘米，通高 4.8 厘米，釉厚 0.1 毫米

侈口，圆唇，弧腹，浅圈足。内外满施青釉，有积釉现象。浅灰色胎，致密细腻。

青釉盏 宋（12SLT13⑩∶54）

口径 8.2 厘米，底径 2.5 厘米，通高 3.5 厘米，釉厚 0.1 毫米

敞口，圆唇，凸唇，弧腹，圈足。足底有窑粘。除足底外通体施青釉，有小开片。青灰色胎，细腻。

青釉盏 宋（12SLT13⑩：210）

口径10.5厘米，底径3厘米，通高4.3厘米，釉厚0.2毫米

侈口，厚唇，弧腹，浅圈足。除外圈足底外均满施青釉，釉面有小开片，有积釉现象。足底有窑粘。浅灰色胎，致密细腻。

青釉印花盏 宋（12SLT12⑩：245）

残，口径 11.2 厘米，底径 4 厘米，通高 5.1 厘米，釉厚 0.2~1 毫米
侈口，圆唇，弧腹，浅圈足。除外圈足底外均满施青釉，釉面有小开片，有积釉现象。内腹印菊瓣纹。浅灰色胎，较致密细腻。

黑釉盏 宋（12SLT24⑪：81）

残，口径12厘米，底径4.2厘米，通高5.2厘米，釉厚0.2毫米
侈口，圆唇，弧腹，圈足斜削。内施满釉，外施黑釉至下腹部，有积釉、流釉现象。灰白色胎，致密细腻。

黑釉盏 宋（12SLT04⑪：233）

口径 11.3 厘米，底 3 厘米，通高 4.5 厘米

侈口，圆唇，弧腹，隐圈足。内施满釉，外施黑釉至下腹部，有窑变现象。灰白色胎，较致密。

黑釉盏 宋（12SLT24⑩：20）

残，口径11厘米，底径3.4厘米，通高4.4厘米，釉厚0.1毫米

侈口，圆唇，弧腹，隐圈足。内施满釉，外施黑釉至下腹部，有积釉现象。浅灰色胎，较致密细腻。

黑釉盏 宋 （12SLT12⑩∶20）

残，口径 8.9 厘米，底径 3.2 厘米，通高 3.7 厘米
侈口，圆唇，弧腹，圈足，外沿斜削。内施满釉，外施黑釉至腹中部，有积釉现象。
浅灰色胎，较致密。

黑釉盏 宋 （12SLT13⑩∶127）

残，口径 11.3 厘米，底径 3 厘米，通高 4.4 厘米，釉厚 0.2 毫米
侈口，圆唇，弧腹，隐圈足。内施满釉，外施黑釉至下腹部，有积釉现象。夹砂灰色
胎，较致密。

黑釉盏 宋（12SLT12⑩：209）

口径11.4厘米，底径3.4厘米，通高4.6厘米，釉厚0.3毫米

侈口，圆唇，弧腹，隐圈足。内施满釉，外施黑釉至下腹部，有积釉、流釉现象。灰白色胎，较致密细腻。

黑釉盏 宋（12SLT12⑩：190）

口径 8.9 厘米，底径 3.4 厘米，通高 4.4 厘米，釉厚 0.1~0.2 毫米

侈口，圆唇，弧腹，圈足斜削。内施满釉，外施黑釉至下腹部，有积釉、流釉现象。外底墨书"黄"字。灰色胎，较致密细腻。

黑釉盏 金 （12SLT04④：7）

残，口径 13.2 厘米，底径 4.4 厘米，通高 6 厘米，釉厚 0.8 毫米
敞口，圆唇，弧腹，圈足，外沿斜削，内足墙极低。内施满釉，外施黑釉至下腹部，釉下施黑灰色护胎釉，有积釉、流釉现象。灰色胎，致密细腻。

黑釉盏 金元（12SLT21③：158）

残，口径12.9厘米，底径3厘米，通高6.8厘米，釉厚0.5~1.5毫米
侈口，圆唇，弧腹，圈足。内施满釉，外施黑釉至下腹部，有窑变、积釉现象。浅灰色胎，致密。

黑釉盏 金元（12SLT12②：42）

残。口径13.4厘米，底径4.6厘米，通高5.8厘米，釉厚0.5毫米
侈口，卷沿，圆唇，弧腹，圈足。内施满釉，外施黑釉至下腹部，有积釉现象。外底有墨书"魏"字。灰白色胎，较致密细腻。

黑釉窑变盏 宋（12SLT13⑩：206）

口径 11.7 厘米，底径 4 厘米，通高 4.7 厘米，釉厚 0.1 毫米

侈口，尖圆唇，弧腹，圈足。内施满釉，外施黑釉至下腹部，有兔毫窑变。有积釉、流釉、窑变现象。夹砂黄色胎，较粗。

黑釉兔毫盏 宋（12SLT12⑩：281）

口径 13.4 厘米，底径 3.9 厘米，通高 5.3 厘米，釉厚 0.1~2 毫米

侈口，尖圆唇，斜腹，浅圈足旋削一刀。内施满釉，外施黑釉至底部，有积釉、流釉现象。烟灰色胎，较致密细腻。

黑釉窑变盏 宋（12SLT21②：32）

残，口径 11.1 厘米，底径 5 厘米，通高 5.9 厘米，釉厚 0.1 毫米

敞口，圆唇，弧腹，浅圈足。内施满釉，外施黑釉至圈足，有积釉现象。内部饰成排圆点状窑变斑。浅灰色胎，较致密。

黑釉窑变盏 金（12SLT12②：24）

残。口径12.8厘米，底径4.4厘米，通高5.6厘米，釉厚0.2~3.5毫米
侈口，圆唇，弧腹，圈足。内施满釉，外施黑釉至下腹部，有积釉、兔毫窑变现象。外底有墨书"魏"字。灰白色胎，致密细腻。

黑釉窑变盏 金（12SLT21⑥：30）

残，口径12.4厘米，底径4.2厘米，通高5.3厘米，釉厚0.2毫米

侈口，尖圆唇，弧腹，圈足。内施满釉，外施黑釉至腹中部，下腹部至足部施护胎釉，有积釉、流釉、窑变现象。灰白色胎，较致密细腻。

柿釉盏 金元（12SLT12②：31）

残，口径12.9厘米，底径4厘米，通高6.4厘米，釉厚0.5毫米

侈口，尖圆唇，弧腹，圈足，器底旋削一刀。内施满釉，外施柿釉至下腹部，有积釉、流釉现象。烟灰色胎，较致密细腻。

柿釉盏 金 （12SLT31⑥：8）

残，口径12.2厘米，底径3.7厘米，通高6.7厘米，釉厚0.2～1毫米
侈口，尖圆唇，弧腹，圈足。内施满釉，外施柿釉至下腹部，有积釉现象。外底有墨书"十"字。烟灰色胎，较疏松。

酱釉盏 唐 （99SLT8⑥：53）

口径 8.5 厘米，底径 4.6 厘米，通高 5.5 厘米

敛口，弧腹，平底。内施满釉，外施酱釉至下腹部，有积釉、流釉现象，釉面有小开片。夹砂灰色胎。

酱黑釉盏 宋 （12SLT12⑩：208）

口径 11.3 厘米，底径 3.4 厘米，通高 4.6 厘米，釉厚 0.1 毫米

侈口，圆唇，弧腹，隐圈足。内施满釉，外施酱黑釉至下腹部，有积釉、流釉现象。砖红色胎，较致密。

黄釉盏 宋（12SLT24⑪：34）

口径 9.8 厘米，底径 4.4 厘米，通高 3.5 厘米

敛口，圆唇，弧腹，饼底。内施满釉，外施黄釉至口沿下，釉下施白色化妆土，有积釉现象。砖红色胎，较粗松。

黄绿釉涩圈盏 金（12SLT14②：57）

残，口径 10.3 厘米，底径 4.6 厘米，通高 3.2 厘米，釉厚 0.1 毫米

敞口，圆唇，弧腹，圈足斜削。内有涩圈，外施黄绿釉至腹中部，有积釉现象。砖红色胎，较粗。

唐三彩碟 唐（99SLT6⑧：409）

口径10厘米，底径5.8厘米，通高4.2厘米

敞口，宽平沿外折，斜弧腹，圈足。彩釉仅施于宽沿处，胎色白中泛红，胎质细腻。

白釉葵口盘 宋（12SLT04⑪：107）

残。口径 13.3 厘米，底径 5.2 厘米，通高 2.3 厘米，釉厚 0.1 毫米
敞口，六葵口，圆唇，内出筋，弧腹折收，平底微内凹。内施满釉，外施白釉至下腹部，釉下施白色化妆土。内有小支钉痕。灰色白胎，较致密。

白釉刻花盘 金 （12SLT23⑥：25）

残，口径19.6厘米，底径7厘米，通高4.4厘米，釉厚0.1毫米

侈口，圆唇，弧腹，圈足，挖足过肩。内施满釉，外施白釉至圈足，釉下施白色化妆土，釉面有小开片，有积釉、流釉现象。器内刻花卉纹。内底有5个支钉痕。外底有墨书。白色胎，致密细腻。

白釉印花盘 金 （12SLT12②：3）

残，口径12.6厘米，底径1.2厘米，通高2.4厘米，釉厚0.1毫米

敞口，芒口，圆唇，弧腹，圈足。内外均满施白釉，有积釉现象。内腹部从上至下依次刻回纹、卷云纹；内底从外至内依次印回纹、莲瓣纹、花卉纹。灰白色胎，致密细腻。

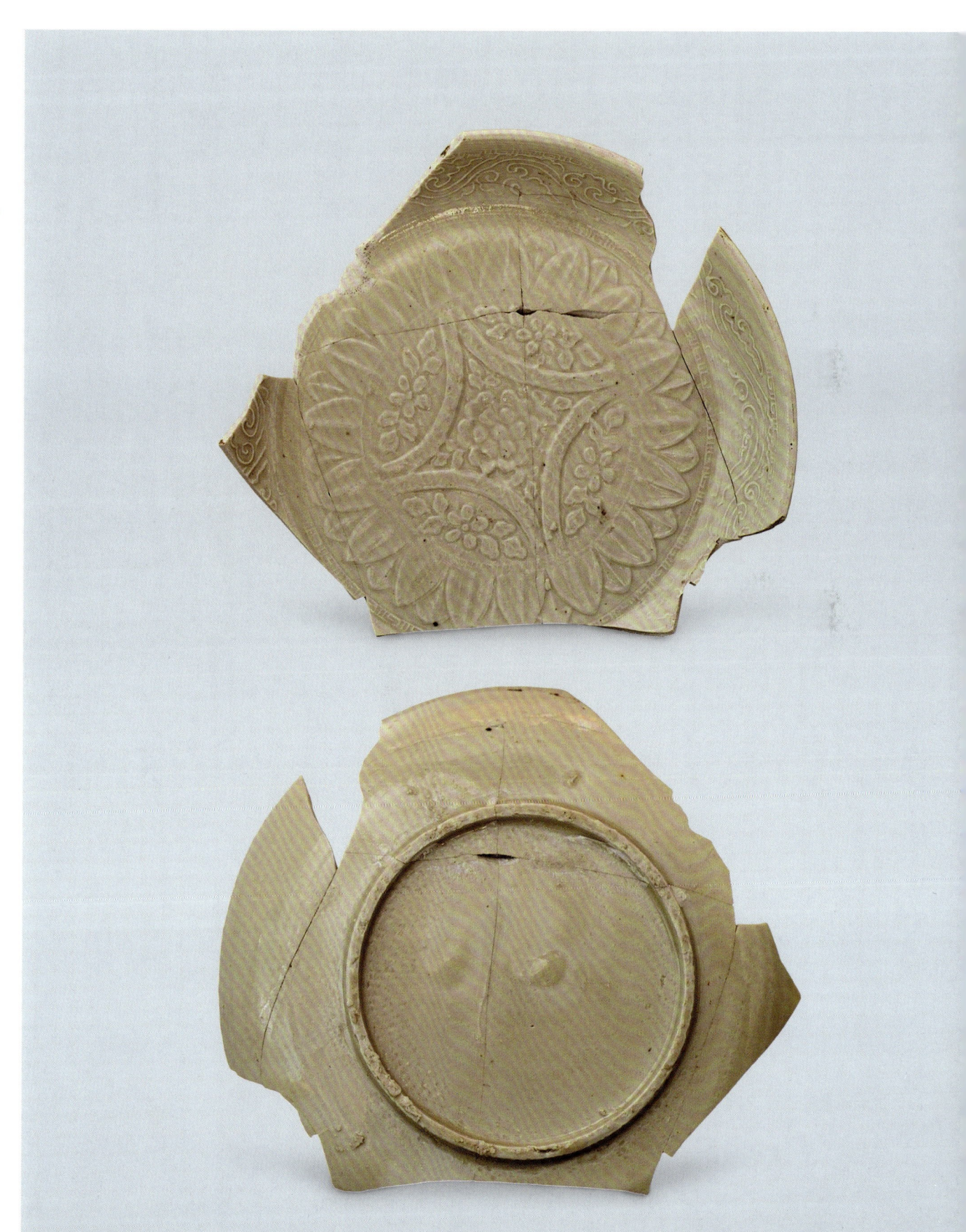

白釉印花芒口盘

金（12SLT21③：191）

残，口径17厘米，底径6.1厘米，通高3.4厘米，釉厚0.1毫米

敞口，芒口，圆唇，弧腹，圈足。除圈足底外均满施白釉，釉色泛青，有积釉现象。内口沿从上至下依次印回纹、荷叶纹、鱼纹。灰白色胎，致密细腻。

白釉印花芒口盘

金（12SLT13①：2）

残，口径18厘米，底径6厘米，通高3.5厘米，釉厚0.1毫米

敞口，圆唇，弧腹，圈足。满施白釉，有积釉现象。内印凤鸟纹、连枝花卉纹。灰白色胎，致密细腻。

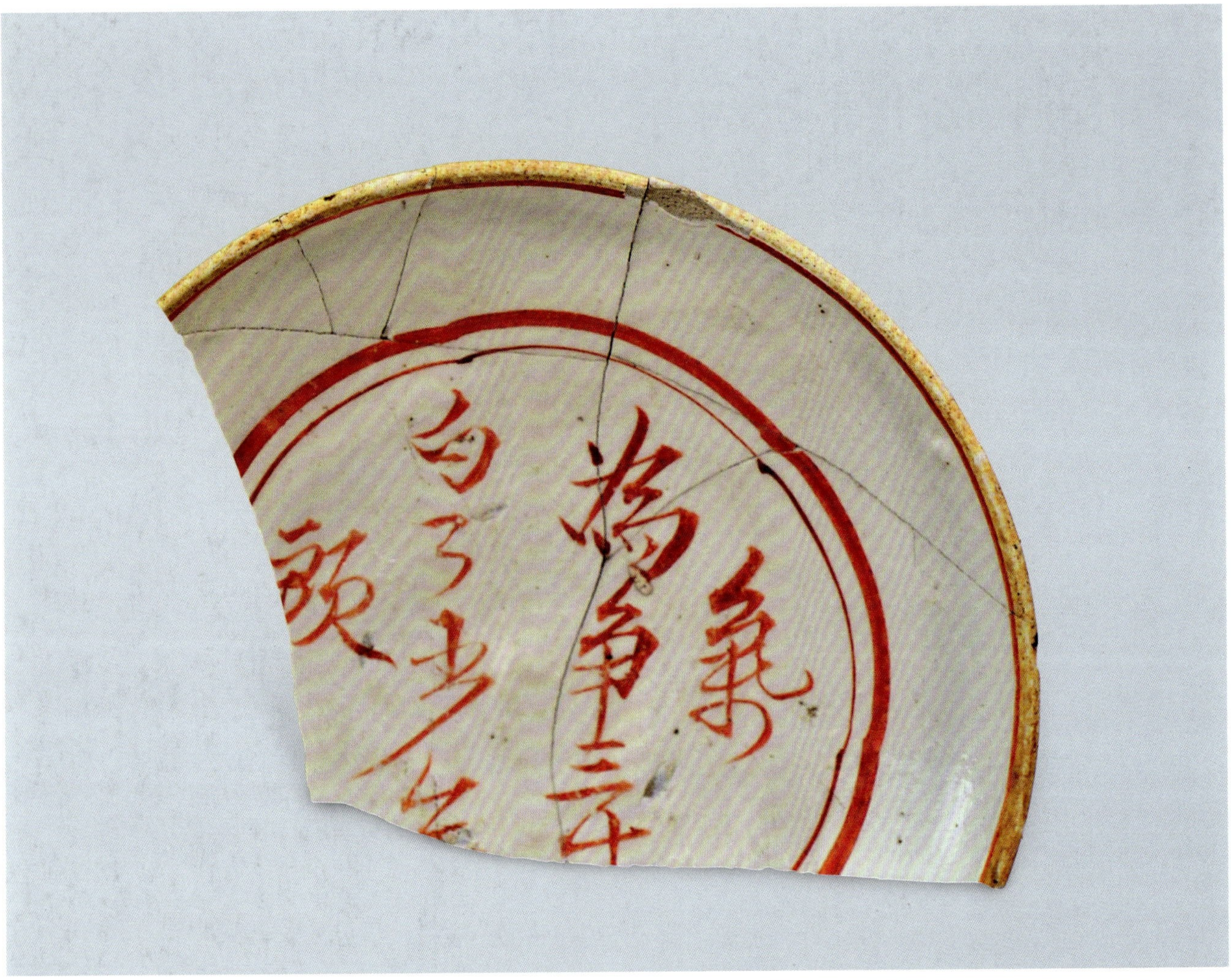

白釉红绿彩题诗盘 金元（12SLT13②：10）

残，口径14.5厘米，底径4.8厘米，通高3厘米，釉厚0.2毫米

敞口，圆唇，弧腹，圈足。内施满釉，外施白釉至腹中部，釉下施白色化妆土，釉面有小开片，有积釉、流釉现象。口沿内外上施黄彩，下施红彩；内底以红彩施一宽一细水波纹，内底以红彩书"为争三口气，白了少年头"。浅灰色胎，较致密细腻。

青釉盘 唐 （99SLT8 ⑤：231）

口径 19.3 厘米，底径 8.3 厘米，通高 4 厘米

直口，折腹，平底微内凹。内外均半施青釉，有流釉、积釉、飞釉现象。内外底均有8个支钉痕。灰色胎，泛红。

钧釉盘 元 （99SLT5 ①：57）

口径 16.4 厘米，底径 6.9 厘米，通高 3.7 厘米

敞口，浅弧腹，圈足。内施满釉，外施天青色釉至下腹部，釉面有小开片。夹粗砂青灰色胎。

钧釉盘 元（12SLT21③：9）

残，口径16.6厘米，底径5.4厘米，通高3.8厘米，釉厚0.1~2毫米

敛口，圆唇，弧腹，圈足，挖足过肩。除圈足满施天青釉，釉面有小开片，有积釉现象。烟灰色胎，致密细腻。

青白釉葵口碟

宋（12SLT04⑬：11）

残，口径10.4厘米，底径3.5厘米，通高2厘米

敞口，六葵口，窄平沿，内出筋，尖圆唇，浅弧腹，浅圈足。除圈足心外满施青白釉。内底向上隆起，外底中心有小乳突。白色胎，致密细腻。

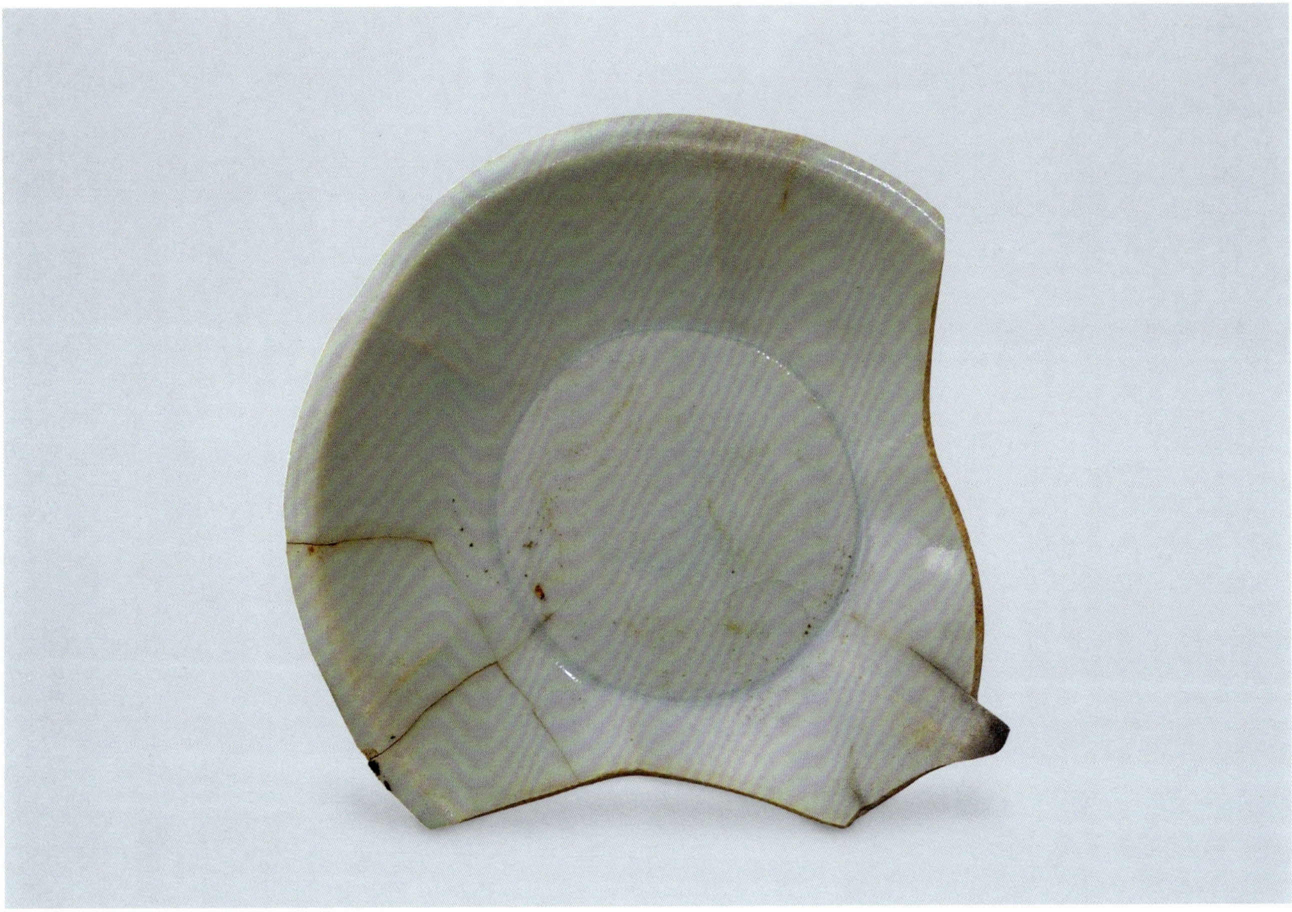

青白釉葵口出筋碟 宋（12SLT13⑩：140）

残，口径10.4厘米，底径3.2厘米，通高2.5厘米，釉厚0.2毫米

敞口，葵口，平沿，尖圆唇，弧腹，内出筋，隐圈足。除外底外均满施青白釉，釉面有小开片，有积釉现象。外底墨书"大安"二字。白色胎，致密细腻。

黑釉涩圈盘 元（12SLT12②：26）

残，口径 17.6 厘米，底径 6.1 厘米，通高 3.9 厘米，釉厚 0.3 毫米
撇口，圆唇，弧腹折收，圈足。内有涩圈，外施黑釉至腹中部，有积釉现象。外下腹部有墨书。夹砂浅黄色胎，较粗。

酱釉涩圈盘 元（12SLT14②：18）

残，口径 18.2 厘米，底径 6.4 厘米，通高 4.2 厘米，釉厚 0.2 毫米
敞口，圆唇，弧腹，圈足斜削，挖足过肩。内有涩圈，外施酱釉至上腹部，釉面有小开片，有积釉、流釉及窑变现象。青灰色胎，致密细腻。

白釉罐 宋（12SLT24⑪：2）

残，口径5.7厘米，底径3.4厘米，通高5.5厘米，釉厚0.1毫米
敞口，圆唇，束颈，溜肩，鼓腹，圈足斜内削。内施釉至口沿下，外施白釉至下腹部，釉下施白色化妆土，有积釉、流釉现象。青灰色胎。

黄釉四系罐 唐（99SLT5⑨：91）

口径 13.5 厘米，腹径 22.4 厘米，底径 17 厘米，通高 36.8 厘米

敞口，圆双唇，溜肩，长弧腹，平底。内施釉至口沿下，外施黄釉至肩部，有积釉现象，肩部横装 4 个对称桥形系。夹砂灰色胎。

青釉罐 唐（99SLT8⑥：137）

口径 11 厘米，腹围 73.7 厘米，底径 13 厘米，通高 22.4 厘米

敛口，双唇，束颈，溜肩，圆鼓腹，玉璧底微内凹。肩部竖装对称双系，肩部以下饰网格状拍印纹。内施釉至口沿处，外施青釉至腹中部。灰色胎。

黄釉四系罐 唐（99SLT8 ⑤：155）

腹径 19.3 厘米，底径 10.3 厘米，通高 17 厘米

口沿残，双唇，溜肩，鼓腹，平底。内施釉至口沿下，外施青釉至下腹部，有积釉、流釉现象，肩部竖装对称两组两个桥形系，腹部饰网格状拍印纹。夹砂灰色胎。

青釉罐 唐（99SLT5⑧：129）

口径10.3厘米，腹围49.7厘米，底径12厘米，通高18厘米

敛口，溜肩，上腹圆鼓，下腹较长内收，平底外撇。内施釉至口沿处，外施青釉至腹中部，夹砂灰色胎，较粗。

青釉四系罐 宋（12SLT12⑩：254）

口径9厘米，底径9.6厘米，通高26.6厘米

敞口，卷沿，圆唇，溜肩，长弧腹，平底内凹外撇。内施满釉，外施青釉至下腹部。肩至上腹部竖装对称4个泥条系。酱紫色胎，较粗。

青白釉莲瓣纹罐 宋（12SLT21②：43）

口残，口径 1.8～2.6 厘米，底径 4.4 厘米，残高 4.8 厘米，釉厚 0.2～0.3 毫米
丰肩，鼓腹，圈足。外施青白釉至圈足，釉面有小开片，有积釉、流釉现象。外饰莲瓣纹。浅黄色胎，致密细腻。

茶叶末釉罐 唐（99SLT6⑧：413）

口径 16.1 厘米，腹围 66.6 厘米，底径 8 厘米，通高 14.3 厘米
敛口，平唇，弧腹，平底。口部饰对称"3"形系。内外均施茶叶末釉。灰白色胎。

黄釉罐 唐（99SLT8 ⑤：157）

口径 8.4 厘米，腹围 47.4 厘米，底径 10 厘米，通高 15.3 厘米

敞口，矮颈，溜肩，弧腹，平底外撇。肩部饰对称的四系。内施满釉，外施黄釉至下腹部。夹砂黄褐色胎。

唐三彩罐 唐（99SLT8 ⑧：411）

口径 4 厘米，腹围 24.5 厘米，底径 4.4 厘米，通高 9.4 厘米

敞口，矮颈，圆鼓肩，饼底。肩部竖装对称系。口部无釉，外施绿、黄、白三彩釉至上腹部。土黄色胎，质松。

绿釉刻花罐 宋（12SLT12⑩:96）

残，口径15.7厘米，底径7.7厘米，通高10.8厘米，釉厚0.1毫米
直口，圆唇，短颈，折肩，弧腹，隐圈足。内施酱黄釉，外施绿釉至底部，釉面有小开片，有积釉、流釉现象。外腹部刻网格纹。浅黄色胎，较疏松。

青釉双鱼纹双系执壶 唐（99SLT6⑧：384）

残，口径6.5厘米，腹径12.4厘米，底径10.4厘米，通高19.8厘米，釉厚0.1毫米

喇叭口，圆唇，束颈，溜肩，瓜棱状长弧腹，饼底。内施釉至口沿下，外施青釉至下腹部，釉面有小开片，有积釉现象。肩至上腹部竖装对称双轮形系，间饰一短棱形流和一双轮形长条鋬。流下模印双鱼纹。灰色胎，致密细腻。

青釉瓜棱执壶

宋（12SLT12⑫：1）

残，口径10.6厘米，底径7.6厘米，通高20厘米，釉厚0.1毫米

喇叭口残，圆唇，长颈，丰肩，长圆形流，鼓腹，圈足外撇。外施青釉至圈足，釉面有小开片，有积釉、流釉现象。肩部饰两道凸弦纹，腹部等距饰六道双凸弦纹。口部至肩部竖装一长条形鋬且上刻两道凹弦纹。灰色胎，致密细腻。

汴水蕴物华——柳孜运河遗址出土文物

青白釉壶底

宋（12SLT04⑪：299）

底径8厘米，残高12厘米，釉厚0.1毫米

瓜棱状长弧腹，平底。除外底外满施青白釉，釉面有小开片。白色胎，致密细腻。

酱釉执壶 唐 （99SLT6⑧：388）

口径 11 厘米，腹围 46.4 厘米，底径 8.8 厘米，通高 20.5 厘米

喇叭口，束颈，溜肩，长弧腹，平底。肩部对称装一八棱短流和一扁把，把上饰草叶纹，两侧对称竖装一对条形系。外底有 6 个支钉痕。口、颈、肩部有窑变花釉。内施半釉，外施酱釉至下腹部。灰色泛红胎，质细腻。

绿釉执壶 唐（99SLT5⑨：86）

口径 8 厘米，腹径 9.3 厘米，通高 14.5 厘米

喇叭口，圆唇，斜直颈，溜肩，长弧腹，平底。内施釉至口沿下，外施绿釉至下腹部，釉面有小开片，有积釉现象。肩部饰对称双轮形錾和一短圆形流。肩、腹部各饰弦纹多道。灰红色胎。

绿釉执壶 唐（12SLT04YD⑳：149）

底径 7.7 厘米，残高 13.6 厘米，釉厚 0.1 毫米

溜肩，长弧腹，饼底，肩部有残圆形系。外施绿釉至下腹部，有积釉、流釉现象。土红色胎，较粗。

青釉执壶 唐（12SLT04YD⑳：96）

底径 8.8 厘米，残高 12.3 厘米，釉厚 0.1 厘米

口沿残。溜肩，长弧腹，饼底内凹。内施釉至口沿下，外施青釉至近底部，有积釉现象。肩部竖装对称长条形錾和十棱形流。灰白色胎，较致密细腻。

白釉"仁和馆"瓶 金（99SLH1∶37）

口径4.7厘米，腹围40.5厘米，底径8.3厘米，通高26.5厘米

小敞口，卷沿，束颈，溜肩，长弧腹，圈足。肩颈部竖装对称的四系，肩部墨书"仁和馆"三字。釉色上白下黑。黄色胎，较粗。

黑釉瓶 宋 （12SLT12⑫：154）

残，口径9.2厘米，底径13厘米，通高29.1厘米，釉厚0.1～0.3毫米
喇叭口，圆唇，短颈，丰肩，长弧腹，饼底。内施釉至口沿下，外施黑釉至底部，有积釉现象。灰色胎，较致密细腻。

白釉盆 唐 （12SLT04YD⑳：296）

残，口径 20.2 厘米，底径 10.6 厘米，通高 7 厘米，釉厚 0.1 毫米
敛口，圆唇，宽斜平沿，弧腹，饼底，外沿斜削。内施满釉，外施白釉至腹中部，釉下施白色化妆土，釉面有小开片，有积釉、流釉现象。内底有支钉痕。夹粗砂浅黄色胎。

白釉盆 唐 （12SLT04YD⑳：319）

残，口径 20 厘米，底径 8.4 厘米，通高 6.5 厘米，釉厚 0.2 毫米
敞口，宽斜平沿，尖圆唇，弧腹，饼底微内凹，外沿斜削。内施满釉，外施白釉至腹中部，釉下施白色化妆土，釉面有小开片，有积釉、流釉现象。内底有支钉痕，夹砂灰白色胎，较致密。

白釉盆 金元 （12SLT21③：219）

残，口径32.4厘米，底径24厘米，通高9厘米，釉厚0.1毫米
敞口，宽平沿，圆唇，斜直腹折收，隐圈足。内施满釉，外施白釉至腹中部，釉面有小开片，有积釉现象。白色胎，较致密。

外酱内白釉黑花鱼纹盆 元（12SLT13②：15）

残，口径36.4厘米，底径22.8厘米，通高9.4厘米，釉厚0.3毫米

敞口，宽平沿，沿外有一周凸棱，圆唇，弧腹，平底。内施白釉，外施酱釉至下腹部。内口沿下以黑彩饰一周粗细不匀的弦纹，一周卷草纹，内底部饰一周弦纹，中间饰鱼纹。砖红色胎，较粗。

外酱内白釉褐彩盆 元（99SLT2①：167）

口径28厘米，底径16.4厘米，通高12厘米

敞口，卷沿，圆唇，弧腹，玉璧底。内满施白釉，外施酱釉至底部，有积釉、流釉现象。内腹部褐彩书3个对称"花"字，内底以褐彩绘一周粗细不匀的弦纹，内书"花"字。浅黄色胎。

青釉盆 唐（12SLT04YD⑳：70）

残，口径 36 厘米，底径 15.2 厘米，高 13.2 厘米，釉厚 0.1 毫米

侈口，圆唇，弧腹，平底微内凹，外沿斜削。内施满釉，外施青釉至上腹部，釉面有小开片，有积釉、流釉现象。内外底均有支钉痕。砖红色胎，较致密。

青釉钵 唐（99SLT8⑥：124）

口径 14.6 厘米，底径 8 厘米，通高 5 厘米

直口，弧腹，平底。内外均施青釉至口沿下，有积釉、流釉现象，釉面有小开片。内外底均有 5 个支钉痕。灰白色胎，较细。

唐三彩盘 唐（99SLT8⑤：177）

口径 24.8 厘米，底径 18 厘米，高 6.6 厘米

直口，弧腹，大平底。内底以绿、黄、白三彩饰刻划重叠莲瓣纹，釉色浓艳。外饰黄色单色釉。

青釉钵 唐 （99SLT8⑥：43）

口径 15.1 厘米，底径 7.4 厘米，通高 5.3 厘米

直口微内敛，弧腹，平底内凹。内外均施青釉至上腹部，有流釉现象。内外底均有 6 个支钉痕。夹砂灰黄色胎。

青釉钵 唐 （99SLT5⑧：72）

口径 14.6 厘米，底径 7.5 厘米，通高 5.2 厘米

口微内敛，弧腹，平底。内外均施青釉至口沿下，外口沿用绿彩饰宽竖线纹一周。灰黑色胎，致密。

青釉钵 唐（99SLT8 ⑤∶161）

口径 16 厘米，底径 8.8 厘米，通高 5.2 厘米

直口微内敛，弧腹，平底内凹。内外均施青釉至上腹部，有积釉、流釉现象。内外底均有 6 个支钉痕。夹砂红色胎。

青釉钵 唐（99SLT8 ⑤∶180）

口径 25.5 厘米，底径 10.8 厘米，通高 9.7 厘米

敛口，尖唇，斜平沿，鼓腹，平底内凹。内外均施青釉至上腹部，有流釉现象。内外底均有 10 个支钉痕。夹砂红色胎，较细。

青白釉钵 宋（12SLT12⑫：145）

残，口径24厘米，底径9.2厘米，通高22厘米，釉厚0.1毫米

侈口，圆唇，鼓腹，上腹部外折，下腹部斜直，平底。内施满釉，外施青白釉至下腹部，釉面有小开片，有积釉现象。白色胎，致密细腻。

黄釉钵 唐（99SLT8⑥：57）

口径16厘米，底径8厘米，通高5.9厘米

直口微内敛，弧腹，平底内凹。内外均施黄釉至口沿下，有积釉、流釉现象。内外底均有7个支钉痕。夹砂红色胎。

绞胎钵口沿

宋（12SLT21⑩：476）

口径14.1厘米，残高6.4厘米
敛口，圆唇，弧腹。内外满施黄釉，釉面有小开片。
浅黄、褐色绞胎。

唐三彩钵 唐（99SLT5⑨：80）

口径12.4厘米，腹围50.2厘米，底径5.7厘米，通高10.3厘米

敛口，尖唇，弧腹，平底。口沿竖装对称"3"形系。口部至上腹部施绿、黄、蓝三彩釉。白色胎。

唐三彩水盂 唐（99SLT5⑨：92）

口径 2.3 厘米，腹径 5.8 厘米，底径 2.2 厘米，通高 4 厘米

小口微敛，圆唇，球腹，小平底。内无釉，外施绿、黄、白三色彩釉至下腹部，釉面有小开片，有积釉、流釉现象。灰白色胎。

唐三彩豆 唐（99SLT5④：5）

口径 10.3 厘米，底径 4.5 厘米，通高 6.6 厘米

敞口，卷沿，圆唇，斜直腹折收，上腹内凹，小喇叭形实足。内施黑色釉至口沿下，外白色化妆土上饰条状黄色间以褐色条带纹。黄褐色胎。

白釉器盖 宋（12SLT04 ⑩：15）

残，口径 9.5 厘米，底径 7.2 厘米，通高 1.6 厘米

直口，平顶，顶部中心有一圆形突起，内有一突起圆点，边沿饰多道凹弦纹。盖顶施白釉。灰白色胎，致密细腻。

青白釉皮囊形水滴

宋 （12SLT24 ⑪：58）

长 3.6 厘米，宽 2.8 厘米，通高 5.6 厘米，釉厚 0.1 毫米

皮囊形，短流，长弧腹，平底。顶部饰一桥形系，系下饰一圆形穿孔，腹部两侧饰凸棱，两侧腹分饰 3 个双线菱形纹"品"字形排列，菱形纹里面饰草叶纹，菱形纹外满饰小圆凸纹。灰白色胎，致密细腻。

白釉黑花器盖 金 （12SLT21 ⑥：19）

口径 10.2 厘米，通高 2.8 厘米，釉厚 0.1 毫米

弧顶，斜平沿，字母口微敛，顶部有一条形纽。外满施白釉，釉下饰黑色花草纹，釉下施白色化妆土，有积釉现象。内部施不均匀的护胎釉。夹砂灰色胎，较致密。

青白釉盒 宋（12SLT04⑧：20）

残，口径7.7厘米，底径6.6厘米，通高2.5厘米，釉厚0.2毫米

子母口，弧腹，花状，平底。内腹部及底部施青白釉，外施影青釉至圈足，有积釉现象。外底印有"□家盒子记"文字。白色胎，致密细腻。

青釉灯 唐（99SLT8⑤：181）

底径 16.3 厘米，通高 29 厘米

高柄大喇叭座，柄至座饰 5 道凸棱纹，柄端置一敞口盘，盘内置一带流小罐作为灯盘。外施青釉至足部。浅灰色胎。

白釉剔花长方形枕 宋（12SLT12⑩：715）

残，长 17.6 厘米，宽 10.6 厘米，高 10.6 厘米

亚腰形，中段内凹，四个长方形面剔花卉纹，两个正方形侧面饰有漫漶不清的刻花纹。枕一侧有 3 个支钉痕。浅黄色胎，较粗。

绿釉划花枕 金（12SLT21③：294）

长 14.8 厘米，宽 6.9 厘米，残高 5.8 厘米，釉厚 0.1 毫米

圆角，枕面依枕形饰一周凹弦纹，内以绿、黄彩饰卷云纹、线条纹，枕侧面上部饰五道凹弦纹，下部饰花纹。釉下施白色化妆土，釉面有开片，有积釉现象。砖红色胎，较疏松。

青釉莲花纹元宝形枕 宋（12SLT21⑪：12）

残，长20.6厘米，宽11.1厘米，高10.6厘米

元宝形。枕面依枕形饰两周凹弦纹，两长侧面模印连枝菊花纹，两短侧面模印牡丹花纹，牡丹花上部各有一圆形气孔。夹砂砖红色胎，较粗。

绿釉贴面绞胎枕片 宋（12SLT04⑪：305）

残，长11.65厘米，宽8.4厘米，厚0.9厘米，釉厚0.1毫米

内无釉，外施绿釉，釉面有小开片。以绞胎贴面和刻槽填泥装饰胎体，形成两周弦纹，内中部同心圆纹，内圆饰三角射线纹，外圆饰绞胎纹，同心圆外饰轮纹、三角纹、太阳纹等。浅黄色胎，较致密。

白瓷骰子 宋 （12SLT04⑪：132-1）

边长 0.9 厘米

圆角正六方体。六面分别饰以 1~6 个圆形凹窝。四点施红彩，余皆施黑彩。白色胎，致密细腻。

白瓷骰子 宋 （12SLT04⑪：53）

边长 1.5 厘米

圆角正六方体。六面分别凿刻 1~6 个圆形凹窝。四点施红彩，余皆施黑彩。白色胎，致密细腻。

白瓷骰子 宋 （12SLT12⑩：558）

大小不等

圆角正六方体。六面分别饰以 1~6 个圆形凹窝。四点施红彩，余皆施黑彩。白色胎，致密细腻。共 11 个。

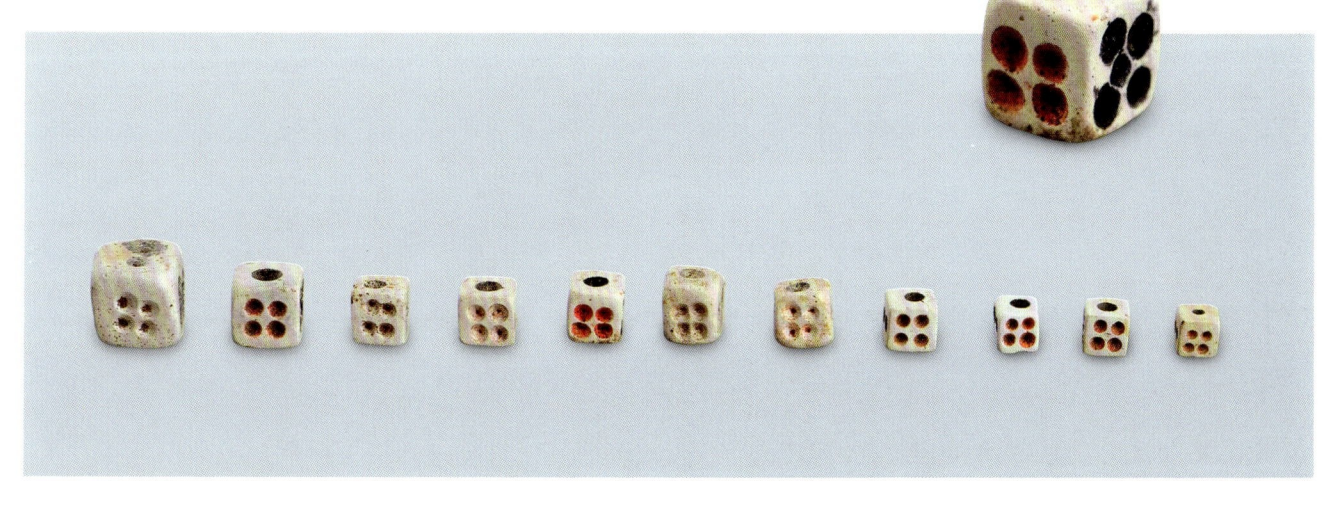

白瓷"士"棋子

宋（T04⑪：152）

直径 2.1 厘米，厚 0.5 厘米
圆饼状。两面均阴线刻一"士"字。
白色胎，较致密。

白瓷"车"棋子

宋（12SLT12⑩：287）

直径 2.2 厘米，厚 0.4 厘米
圆饼状。两面均阴线刻一"車"字。
白色胎，较致密。

白瓷"炮"棋子

宋（12SLT24⑪：35）

直径 2.1 厘米，厚 0.4 厘米
两面均阴线刻一"炮"字，字内
残红彩。白色胎，较致密。

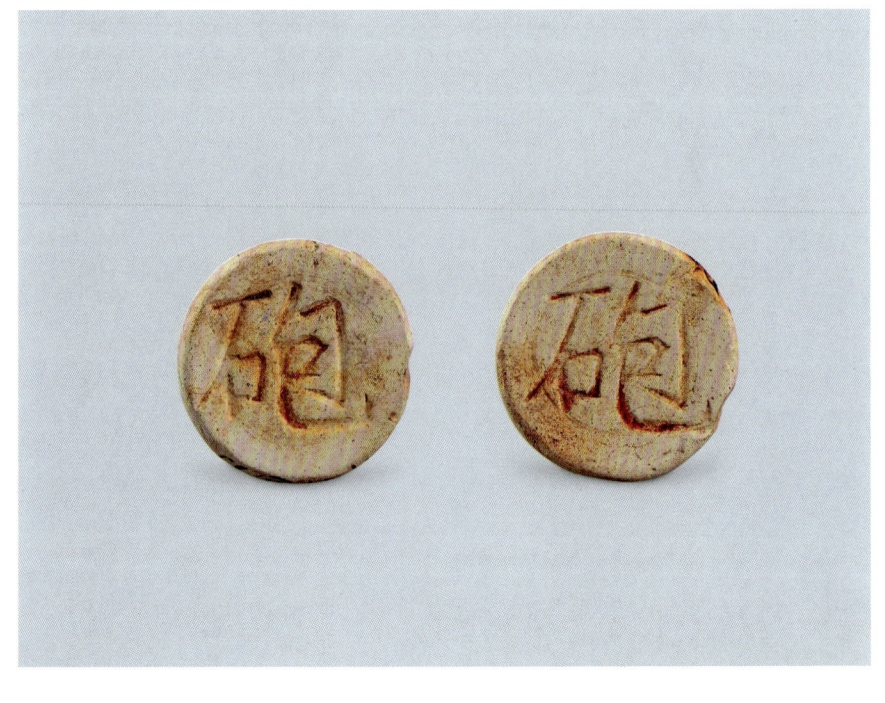

白瓷刻花棋子

宋 （12SLT24⑪：27）

直径 1.9 厘米，厚 0.2 厘米
圆饼状。两面均模印花纹。白色胎，较致密。

白瓷刻花棋子

宋 （12SLT24⑪：13）

直径 2 厘米，厚 0.3 厘米
圆饼状。两面均模印花纹。白色胎，较致密。

白瓷棋子

宋 （12SLT21②：24）

直径 1.65 厘米，厚 0.3 厘米
圆饼状。白色胎，较致密。

黑瓷棋子 宋 （12SLT24⑪：12）

直径 1.5 厘米，厚 0.5 厘米
圆饼状。黑色胎，较致密细腻。

酱釉瓷球 宋 （12SLT13⑩：187）

直径 2.4 厘米
圆球形，外施黑釉及酱釉过半。灰白色胎，较致密。

绞胎球 金 （12SLT21③：49）

直径 4.9 厘米
圆球形。以褐、浅黄两色胎土揉在一起。

绞胎球 金 （12SLT21③：193）

直径 4.8 厘米
圆球形。以黑、浅黄两色胎土揉在一起。

瓷铃 唐（99SLT6⑧:434）

球体周长 7.7 厘米，通高 2.9 厘米

铃体圆球形，内空有丸，上有圆形系，下开一长条形口，球体中上部有三道凹弦纹。系与球体连结处涂一周酱黑色釉线。摇之发出响声。白色胎。

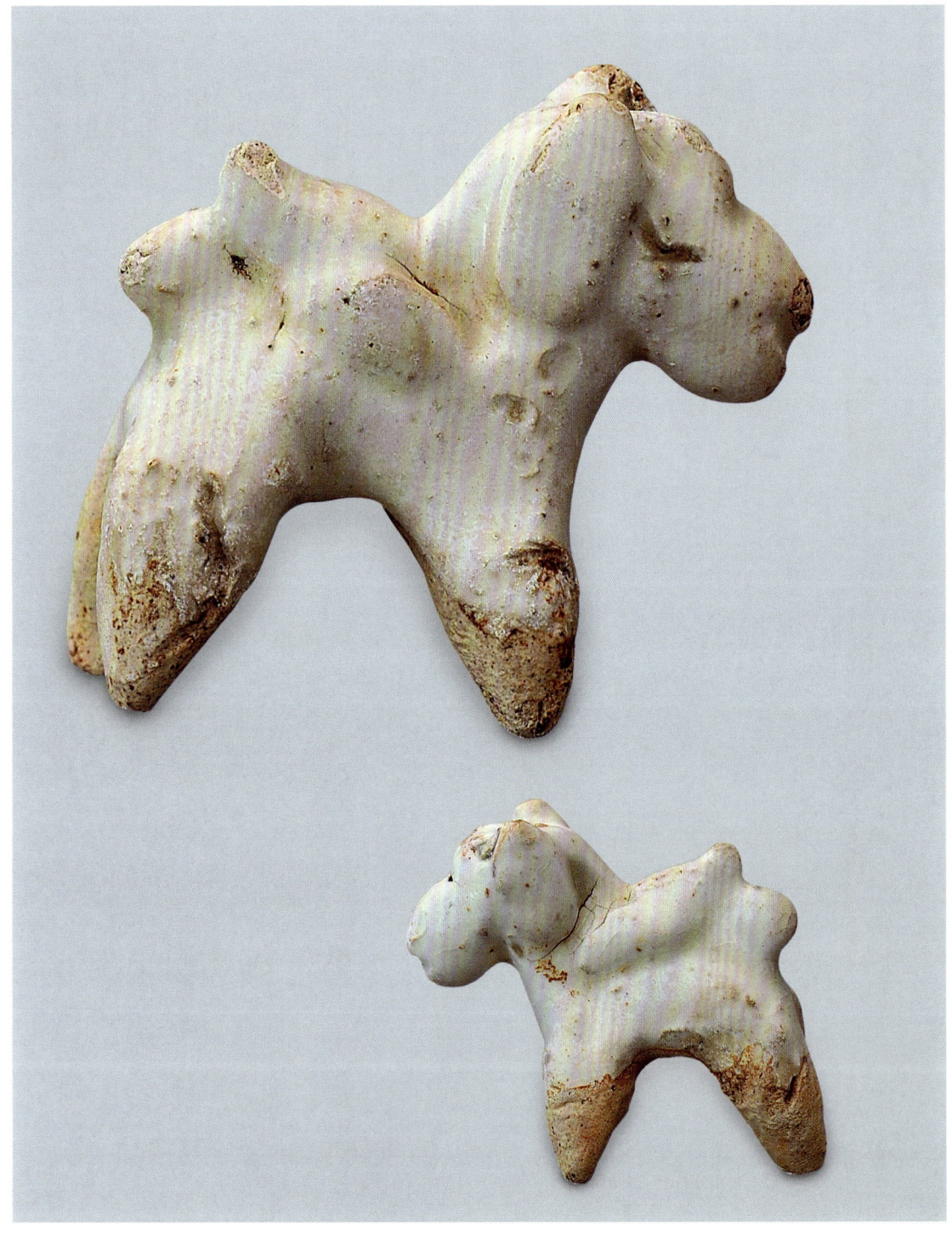

白釉狗俑 宋（12SLT21⑫：9）

残，长5.2厘米，宽2.8厘米，通高4.6厘米

四肢站立，双耳下耷，四肢中部以上施白釉，釉面有小开片，釉下施白色化妆土，有积釉现象。浅黄色胎，较致密。

白釉马俑 宋（12SLT21 ⑫：34）

残，长5.7厘米，宽3.3厘米，通高5.1厘米

四肢残，马首双耳向上，嘴微张。外满施白釉，釉面有小开片，有积釉现象。浅黄色胎，较粗。

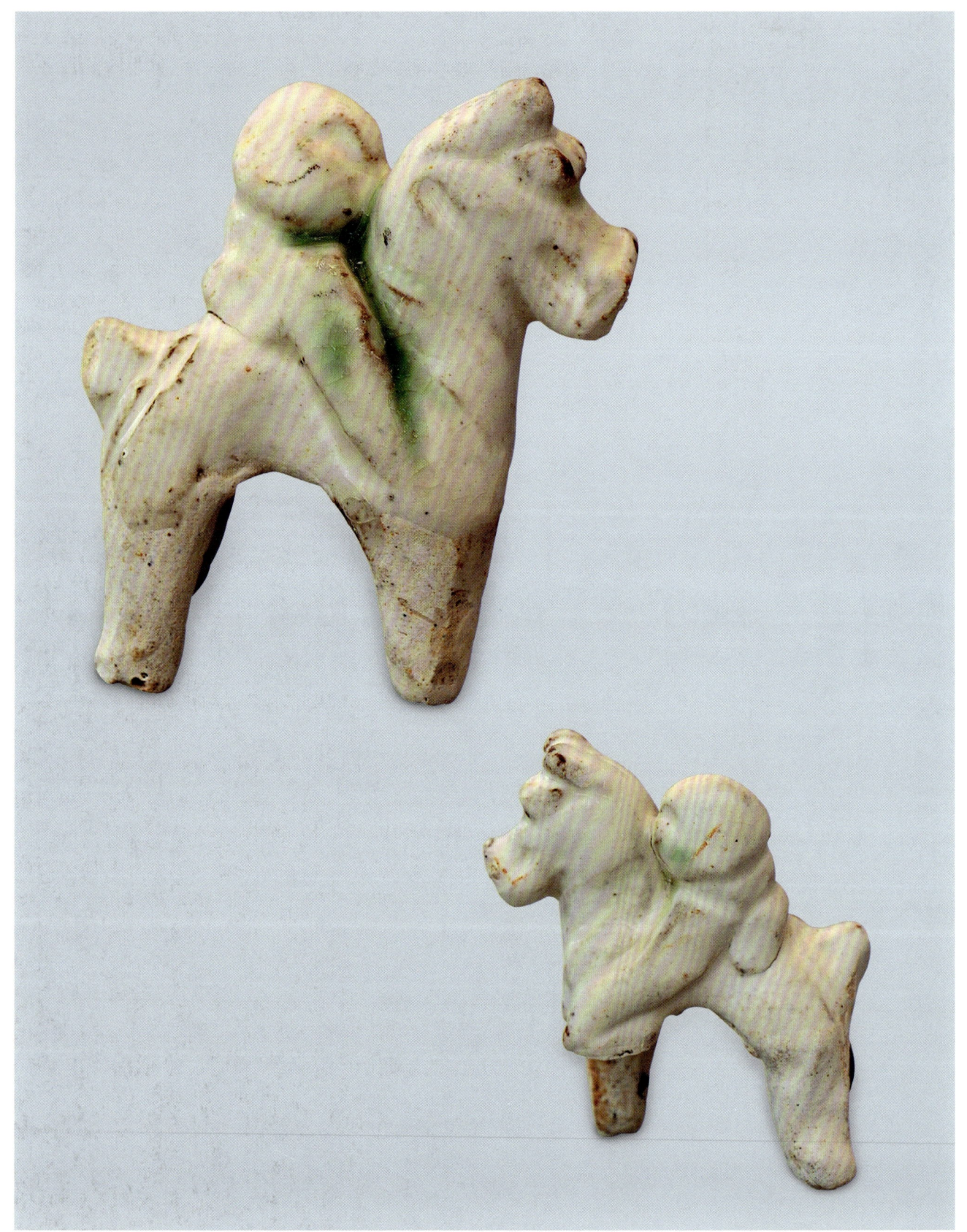

白釉绿彩"马上封侯"俑 宋（12SLT12⑫：448）

残，长5厘米，宽2.7厘米，通高6.1厘米

马呈站立状，上骑一猴。除马腿外满施白釉，间施绿彩。黄色胎，较致密。

白釉褐彩人物俑

金 （12SLT04③:6）

残，长3.2厘米，宽3.2厘米，通高2.7厘米，釉厚0.1毫米

一孩童坐于方形婴儿椅上，双手紧握椅子的扶手。上半部施白釉，身点褐彩斑。灰白色胎，致密细腻。

青釉猴俑

宋 （12SLT24⑪:54）

长2.1厘米，宽2厘米，通高5.2厘米

双腿屈于胸前，坐于座上，头部向右侧，右手与右脚在一起，左手置于耳下，双眼圆睁，一大一小。施青釉。灰色胎，致密细腻。

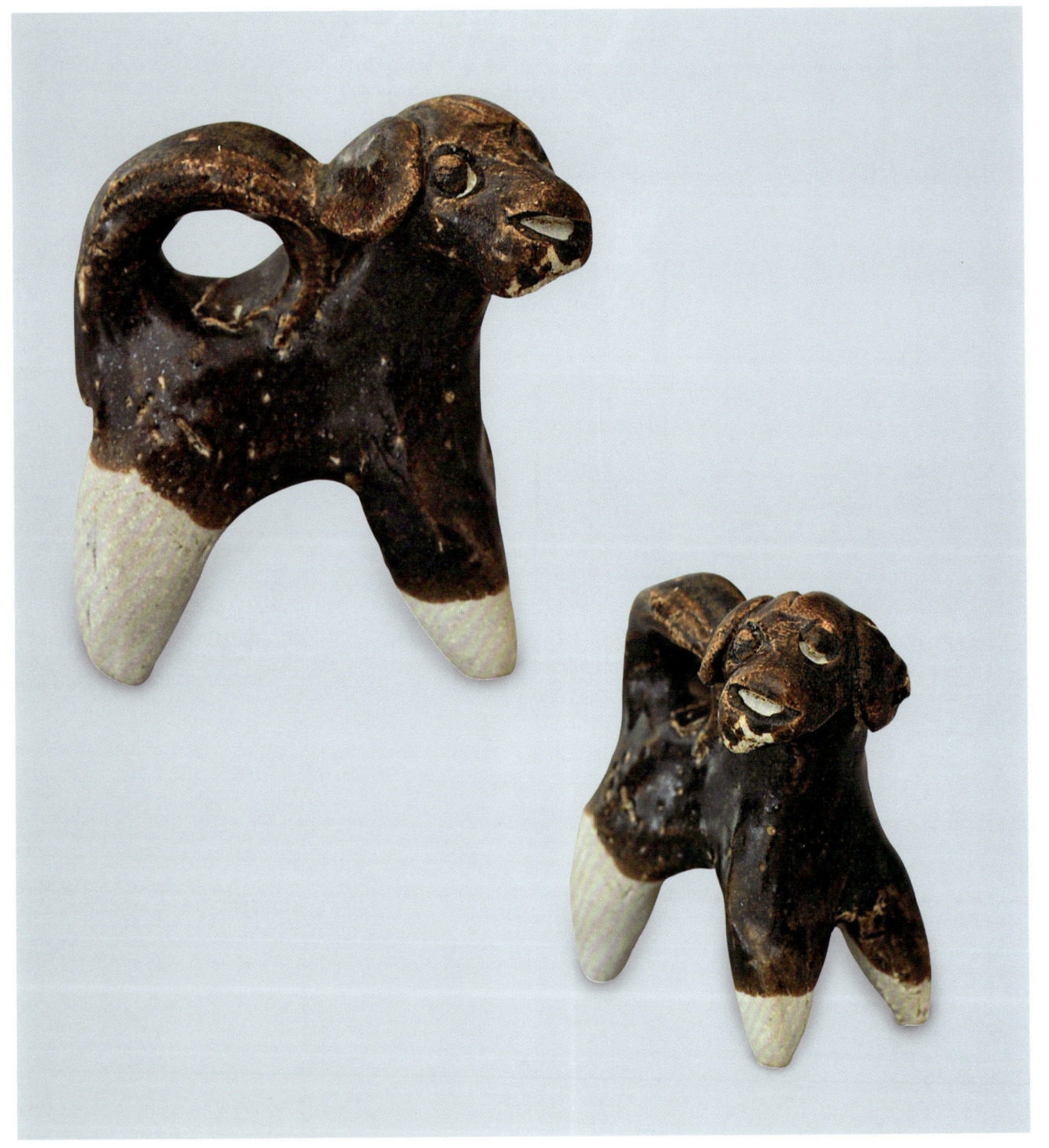

黑釉狗俑 宋（12SLT12⑩：183）

残，长 4.4 厘米，宽 2.9 厘米，通高 4.8 厘米，釉厚 0.1 毫米

四肢站立，头微向右转，双耳下耷，双目微闭，口微张，狗尾上卷成一圆形。施黑釉至四肢下部，有积釉现象。白色胎，致密细腻。

青釉褐彩人物俑

金 （12SLT23③：6）

长 2.3 厘米，宽 1.8 厘米，通高 4.3 厘米，釉厚 0.1 毫米

一腿前伸，一腿后伸跪坐。头部微向右侧，头戴僧帽，双耳伸向上后方。右手置于颌下，左手置于耳下。除底部外满施青釉，釉面有小开片，有积釉现象。眼、耳、胳膊处点褐彩。灰白色胎，致密细腻。

青白釉抱球童俑

宋 （12SLT04⑬：10）

下部残，长 2.6 厘米，宽 2.6 厘米，残高 3.6 厘米

双手抱球至于胸前，头部微向右倾。满施青白釉。灰白胎，较致密。

青白釉女孩头俑 宋 （12SLT12⑩：495）

长 3.1 厘米，宽 2.7 厘米，残高 3.6 厘米，釉厚 0.1 毫米

椭圆形脸。细长柳眉，双目微闭，嘴角向上。头发中分，梳两羊角辫。满施青白釉，有积釉现象。白色胎，致密细腻。

青白釉"抱球童"俑 宋（12SLT12⑫：112）

长 2.9 厘米，宽 2.2 厘米，通高 5.2 厘米

双腿盘坐，双手抱花球至于胸前，头部微右仰。除底部外满施青白釉，有积釉现象。白色胎，致密细腻。

青白釉观音俑

宋（12SLT12⑩：117）

残，长4.2厘米，宽3厘米，通高6.2厘米

双腿盘坐。鹅蛋形脸，闭目微低首，双手放于腿上，身穿斜襟长衫。除底部外满施青白釉。后颈处有一圆孔。白色胎，致密细腻。

黄釉观音俑

宋（12SLT04⑪：243）

宽3.3厘米，残高5.4厘米，釉厚0.2毫米

仅存上半身。闭目，头戴风帽，身穿斜襟长衣。满施黄釉，釉面有小开片，有积釉现象。浅黄色胎，较粗。

红绿彩仕女俑 金元（12SLT12②：20）

长 4.2 厘米，宽 2.6 厘米，通高 10.3 厘米

柳眉，丹凤眼，樱桃小嘴。身着对襟长衣，襟边施绿彩，其余为红彩，头发、眉、眼施黑彩。浅黄色胎。

红绿彩仕女头俑

金元（12SLT14③：2）

宽 2.6 厘米，残高 3.8 厘米，釉厚 0.2 毫米

鹅蛋形脸。以浅黄釉饰盘桓髻，以黑釉饰双眉、双眼及头部两鬓发髻，唇点红彩。浅烟灰色胎，较致密。

红绿彩仕女俑

金元（12SLT21③：161）

宽 5.2 厘米，厚 3.2 厘米，残高 11.4 厘米，釉厚 0.1 毫米

头残。坐姿。右手于胸前抱一物，左手放在左腿上，双腿盘坐。两袖及背后饰红、绿彩。浅黄色胎，较致密。

三彩抱柱狮子 唐（12SLT04YD⑳：18）

长 12.2 厘米，宽 11.5 厘米，高 20.2 厘米，釉厚 0.1 毫米

狮子抱柱蹲伏于覆莲基座上。双耳及抱柱皆残。狮首微向右侧，眼突，鼻阔，口微张露齿，卷式鬃毛，长胡须。颈处饰一圆形带铃项圈，上挂 4 个铃铛和 1 缨穗。蜷身，叶形尾。三足着地，一前足抱柱。柱为八棱形，立于小覆斗形底座上。覆莲形基座由方形抹角底座和覆莲组成，中空。器表满施黄、绿釉。浅黄色胎，致密细腻。

酱釉军持 宋（12SLT12⑪：50）

残，底径4厘米，通高8.8厘米，釉厚0.1~0.4毫米

口残，丰肩，短流，长弧腹，圈足外撇。肩部一周戳印9个小圆圈，下饰两道弦纹。腹部满饰波浪形篦点纹。器表满施酱釉，足底无釉，有积釉、流釉现象。浅黄色胎，致密。

汴水蕴物华——柳孜运河遗址出土文物

陶器

双系灰陶罐 宋（12SLT13⑩：86）

残，口径19.3厘米，底径14.2厘米，通高24厘米

敞口，卷沿，束颈，溜肩，弧腹，平底。肩部竖装对称桥形系。

红陶罐 宋（12SLT13⑩：212）

残，口径10.2厘米，底径6.2厘米，通高13.8厘米

敞口，圆唇，矮领，溜肩，弧腹，平底。

灰陶盆 唐（99SLT6⑧：455）

口径 30.4 厘米，底径 21.4 厘米，通高 9.3 厘米
大口微敛，卷沿，弧腹，平底。

灰陶盆 唐（99SLT6⑧：215）

残，口径 24.8 厘米，底径 11.8 厘米，通高 7.8 厘米
大口微敛，卷沿外凸，弧腹，平底。内腹部满饰戳印纹。

灰陶盆 宋（T21⑫:35）

口径 28.2 厘米，底径 12.2 厘米，通高 10.1 厘米
敛口，卷沿，弧腹，平底微内凹。器表有轮旋痕。

灰陶盆 宋（12SLT04⑪:190）

残，口径 35.4 厘米，底径 24.4 厘米，通高 12.9 厘米
敞口，宽弧沿，弧腹，平底。

黑陶炉

宋（12SLT24⑩：31）

残，口径10.4厘米，底径18厘米，通高14.3厘米

敞口，卷沿，丰肩，微弧腹。肩下饰两道凸弦纹。腹侧有一人圆孔，底部中空。

红陶炉

宋（12SLT12⑫：232）

残，口径10.2厘米，底径5.1厘米，通高7.2厘米

敛口，宽平沿，直腹，腹下内收，饼形底座。口沿施红彩，腹部有轮痕。

灰陶纺轮

唐（99SLT6⑧：454）

直径5.4厘米，厚1.4厘米
圆饼形。中间一孔。一侧平面中心孔外刻划一个方框纹。

灰陶纺轮

唐（99SLT5⑧：54）

直径5.6厘米，厚1.6厘米
圆饼形。中间一孔。一侧平面围线中心孔刻划放射纹。

灰陶网坠

唐（99SLT6⑧：423）

直径4.8厘米，长3.6厘米
椭圆形实体。中间有一道系索凹槽。

灰陶扑满

宋 (12SLT12⑫:204)

底部残。底径4厘米,通高8厘米弧顶,圆弧腹,平底。顶中间开一投币孔,下腹部饰三个穿孔。

红陶扑满

宋 (12SLT12⑩:635)

残,底径2.2厘米,通高4.5厘米弧顶,顶部有乳突,圆弧腹,平底。顶一侧开一投币孔,另一侧有一圆形小穿孔,腹部饰弦纹。

208　汴水蕴物华——柳孜运河遗址出土文物

灰陶扑满 宋（99SLT8⑤：176）

腹径 10.8 厘米，底径 7 厘米，通高 13 厘米
弧顶，长弧腹，平底。顶部下方开一扁长方形孔，
另一侧饰一圆形穿孔，腹部满饰凸弦纹。

掷杯 宋（12SLT21⑫：75）

直径 2.15 厘米，通高 5.3 厘米
残，平面圆形。敞口，平沿，长
弧腹，弧顶。

掷杯 宋 （12SLT12⑩：243）

直径 4.7 厘米，通高 8.1 厘米

弧顶，直腹，平底，中空。深灰色胎，较疏松。

红陶铃 宋 （12SLT12⑩：237）

长 4.5 厘米，宽 4.4 厘米，通高 6.2 厘米

铃体上部尖，下部为圆球形，内空有丸，上部有一圆形穿孔，底部开一长条形口。

黑陶球 宋（12SLT24 ⑤：6）
残，直径 4 厘米
圆球形，黑色胎，较致密。

灰陶砚 唐（12SLT04YD ⑳：110）
宽 11.4 厘米，高 3.4 厘米
残。船形，底部有两个方锥形足。

灰陶抄手砚 宋（12SLT24⑬：26）

残长13.6厘米，残宽8.4厘米，残高2.9厘米
砚背有长方形戳记，戳记右侧阳刻"徐州斐弟"，
左侧阳刻"罪之澄堂砚"。

灰陶砚 宋（12SLT12⑨∶4）

残，长13.2厘米，宽8.4厘米，高2.9厘米
平面长方形。砚面有一椭圆形砚池，一端高，一端低，底挖空。砚池内残留墨迹。底部阴刻"三堂"二字。

陶狮 唐（99SLT5⑨：78）

长 15 厘米，通高 18 厘米

头残。侧立狮形，仰首狂吼，怒目圆睁，上颚残，颈背披长毛，下颌长须，颈下系链索，宽而肥的胸部，两腿叉开。右侧立一人，一手抓住狮子项下的链索，一手握拳置于胸前。

灰陶鱼 宋（99SLT8⑤：115）

残长 16.6 厘米，宽 7.9 厘米
鱼形。鱼嘴上翘。中空。

红陶人物首 宋（12SLT12⑩：261）

宽 2.7 厘米，厚 2.7 厘米，残高 4.5 厘米
面部丰腴，浓眉，眼略弯，高鼻，抿嘴，阔耳。头戴峨冠。

红陶人物塑 宋（12SLT12⑩：131）

宽 5.3 厘米，厚 2.5 厘米，残高 7.45 厘米

人物端坐于基座之上，佛像跏趺坐，身披长衫，袒露右胸，颈戴项圈，右手搭于右膝上，左手持一物。盘坐莲花座上。

红陶人物塑 宋（12SLT12⑩：39）

宽 3.25 厘米，厚 1.6 厘米，残高 6.3 厘米

头部残缺。胸部饰斜襟左边压右边，右手握拳执于胸前，左手隐于腰部衣服内，腰部至膝盖打 5 个琵琶结。

红陶人物塑 宋 （12SLT12⑩：331）

厚2厘米，宽4厘米，残高8.6厘米
模制。头部残。一手背在后，一手握拳在前，腰间束腰带，下身着长袍。

红陶人物塑 宋 （12SLT23②：69）

宽6.1厘米，残高10.1厘米
半坐于长方形底座上。头残，身着长衣，双手放在膝上，双腿分开。底座刻花纹。

双鱼纹红陶灯

宋（12SLT24 ⑬：35）

长10.3厘米，宽8.2厘米，高19.2厘米
泥塑。呈"L"形。下部有长方形凹窝，凹窝内残存炭灰；上部刻划对称双鱼纹，嘴微张，睁眼，鱼鳞密集；顶部有一圆形穿孔。

红陶模具 宋（12SLT12⑩：152）

长 3.3 厘米，宽 3.9 厘米，厚 0.8 厘米
平面椭圆形。弧顶。一面内凹，为一武士像。

红陶模具 宋（12SLT12⑩：308）

长 3.6 厘米，宽 4.5 厘米，厚 0.9 厘米
平面椭圆形。弧顶。一面内凹，为一武士像。

红陶蝎形图案模具

宋（12SLT12⑫：53）

长 3.6 厘米，宽 2.8 厘米，厚 1.4 厘米
椭圆形，两面微凸。一面浅浮雕蝎子。

灰陶龙首 宋（12SLT13⑩：259）

残，长 28.2 厘米，宽 17.4 厘米，高 20 厘米
整体呈筒状，双耳上翘，圆孔鼻，吻部上翘，
龙齿咬合。

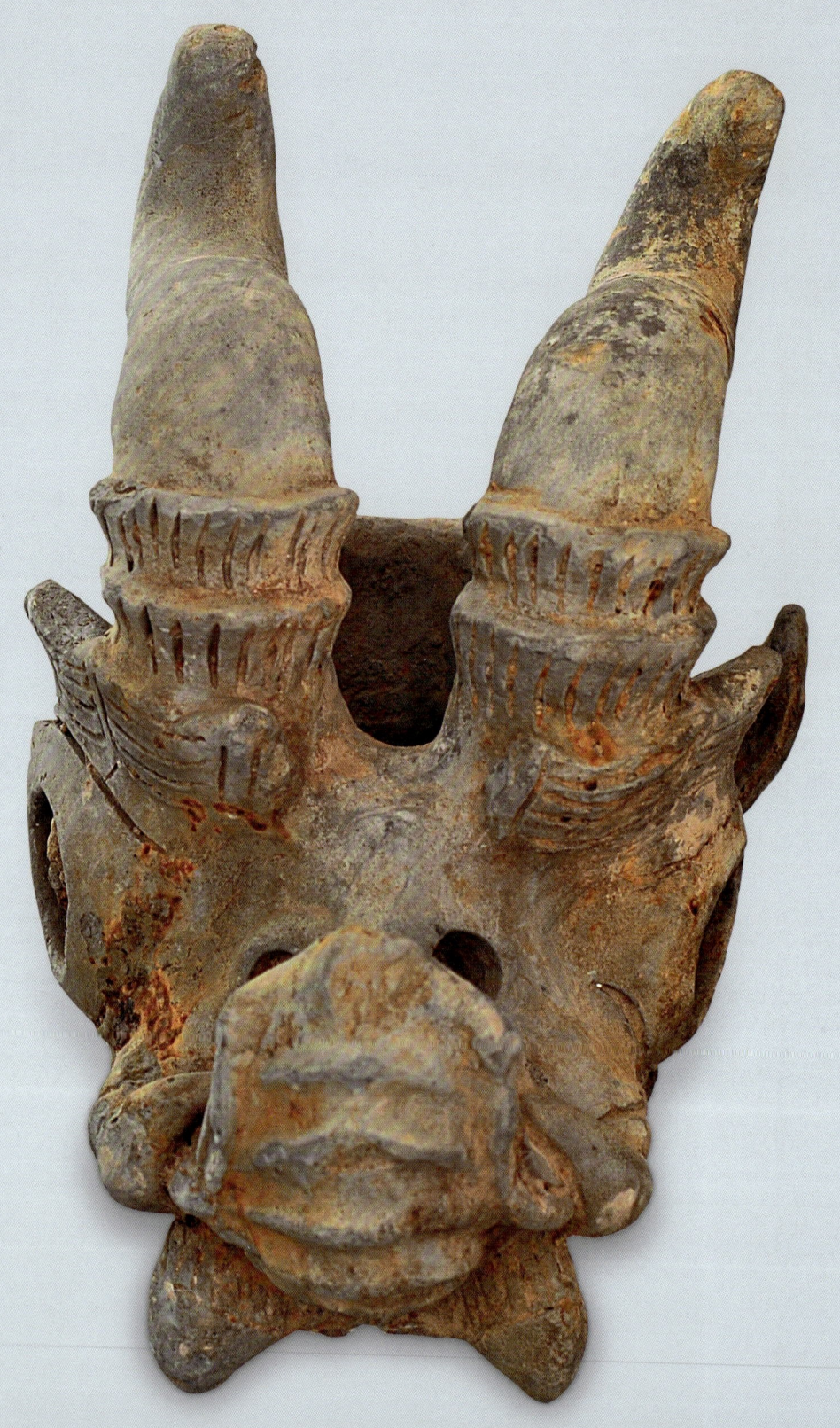

灰陶龙头俑 宋（12SLT04⑮：55）

长 31.4 厘米，宽 18.4 厘米，通高 24 厘米

双角向后弯曲上翘，双眉后展，圆目怒睁，圆形鼻孔，吻部上翘，龙齿上翘，舌与下颚均残。中空。

221
陶器

方形灰陶底座 宋（12SLT04⑭：226）

边长17.5厘米，通高6.5厘米。底为正方形，
四角各浅浮雕一中国结纹，并以弧线相连。中心有一莲瓣形突起，外饰一周联珠纹，
中间有一圆形穿孔，内残留有木棍。

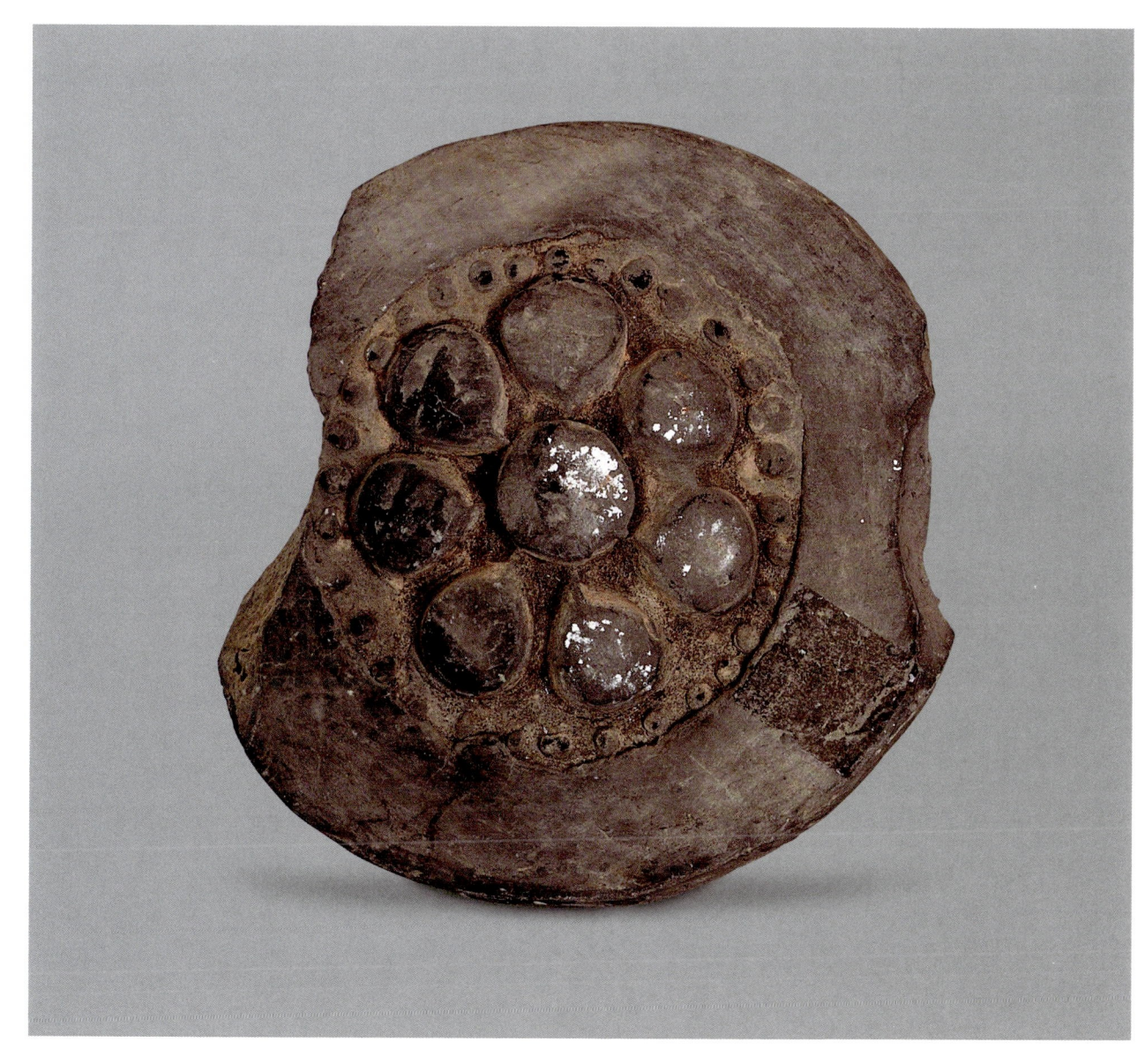

灰陶瓦当 唐 （99SLT6⑧：456）

直径 14.6 厘米

平面圆形。素宽边内饰一周乳钉纹，中心饰莲子纹。

灰陶瓦当 唐（99SLT6⑧：458）

直径 13 厘米

平面圆形。模印花纹宽边内饰一周乳钉纹，中心饰莲子纹。

灰陶瓦当 唐 （99SLT6 ⑧ ：457）

直径 14.6 厘米

平面圆形。素宽边，内饰莲子纹。灰色胎。

灰陶瓦当 宋 （12SLT24⑪：73）

残，直径14厘米，残长3.4厘米

圆形。中心为放射状突纽，突纽向外依次饰一周联珠纹、一周凸弦纹、一周联珠纹、一周凸弦纹。素宽平缘。

灰陶兽面纹瓦当 宋（99SLT6①：103）

直径 11.7 厘米，厚 3.2 厘米

平面圆形。宽素平沿，内饰联珠纹，中部浅浮雕兽面纹。

灰陶兽面纹瓦当 宋（12SLT21②：46）

残，直径 11.8 厘米，残长 4.7 厘米

圆形。内区一周凹弦纹，内浅浮雕兽面纹，兽面为立耳、圆眼、小鼻、阔嘴、露齿，鬃毛鬣鬣。素宽平缘。

红陶瓦当 宋（12SLT12⑦∶7）

残，直径13.8厘米，厚4厘米

圆形。中心莲瓣纹凸起，向外依次为一周联珠纹、一周凸弦纹。素宽平缘。

汴水蕴物华——柳孜运河遗址出土文物

石玉类

石臼 唐（99SLT8⑤：172）

口径 15 厘米，底径 15.7 厘米，通高 10.3 厘米
平面圆角方形。中间有一圆形臼窝。直腹，平底。底部有刻划痕。

石臼 宋（12SLT04⑭：143）

残，长 20 厘米，宽 8.8 厘米，通高 21.8 厘米
整体呈圆鼓形，底座平，四角残存两个扉棱。青石质。

石轮 唐（99SLT6⑧：445）

直径 9 厘米，通高 6 厘米
平面椭圆形。中间有一圆形穿孔。

石碾轮 宋（12SLT04⑮：20）

残，直径 10.2 厘米，厚 1.9 厘米
圆形。中间有一圆孔以穿轴，断面呈中间厚周边薄。青石质。

圆形石砚 宋（12SLT24 ⑪：18）

残，上部直径 19.6 厘米，底径 20.8 厘米，厚 2.4 厘米
砚池口径 14 厘米，深 1.2 厘米
平面圆形。宽砚边，中间一圆形砚池，砚池内阴线刻花纹。青灰石质。

石枕 宋（12SLT24⑬：1）

长 32.8 厘米，宽 11.5 厘米，厚 6.6 厘米
腰圆形。黄褐色，砂岩石质。

石镇纸 宋（12SLT12⑩：359）

长 16.3 厘米，宽 4 厘米，厚 1 厘米
长方体，表面光滑。青石质。

石围棋盘 宋（12SLT24⑬:36）

残，长 10.5 厘米，宽 5.9 厘米，厚 0.9 厘米
残存长方形，上阴线刻两横一竖直线。青石质。

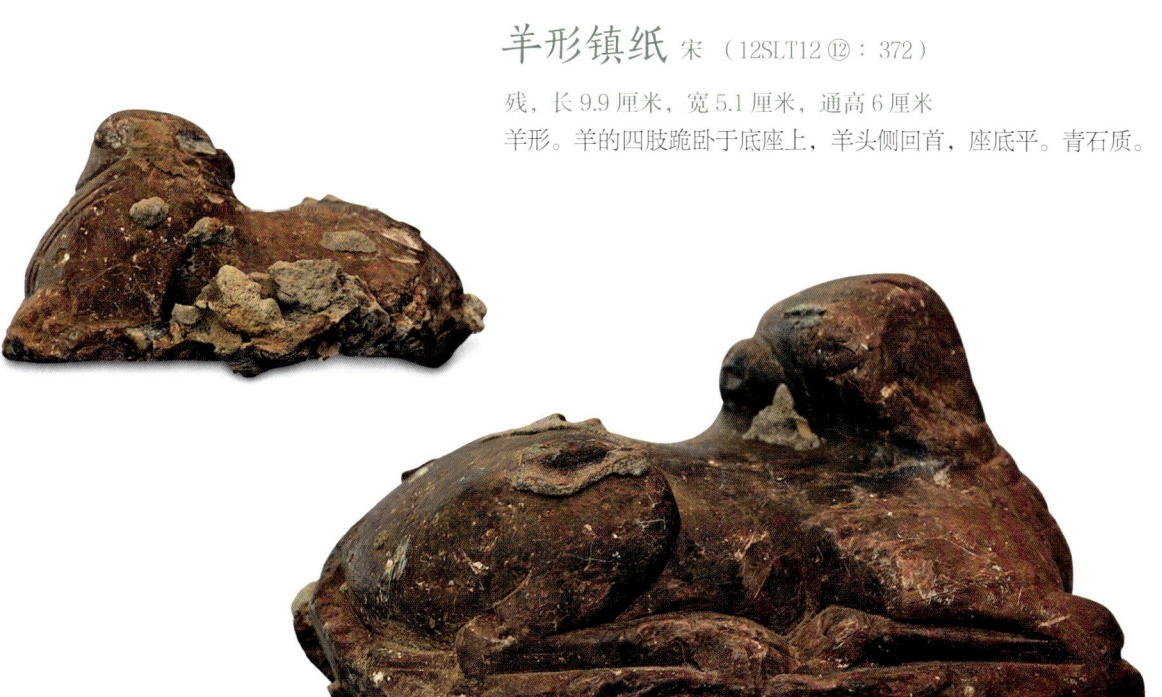

羊形镇纸 宋（12SLT12⑫:372）

残，长 9.9 厘米，宽 5.1 厘米，通高 6 厘米
羊形。羊的四肢跪卧于底座上，羊头侧回首，座底平。青石质。

石狮头 唐（99SLT8 ⑤：132）

残高 13.2 厘米

仅存狮头。双目圆睁，张口，头部鬣毛卷状。青石质。

石权 金（12SLT21 ④：12）

长 5.8 厘米，宽 4.9 厘米，通高 10.2 厘米

整体呈锥状。底部大上部尖，横断面为梯形，尖部中间饰一圆形穿孔。青石质。

石狮 宋（12SLT12⑫：473）

通高5.9厘米，宽4.2厘米，厚2.3厘米
前肢直立，后肢蹲坐。青石质。

汴水蕴物华——柳孜运河遗址出土文物

金属类

铁釜 宋（12SLT04⑭:75）

残，锈蚀严重。口径 48.8 厘米，底径 8.4 厘米，通高 19.6 厘米，壁厚 0.8 厘米
敞口，圆唇，折肩，深弧腹，圆底。

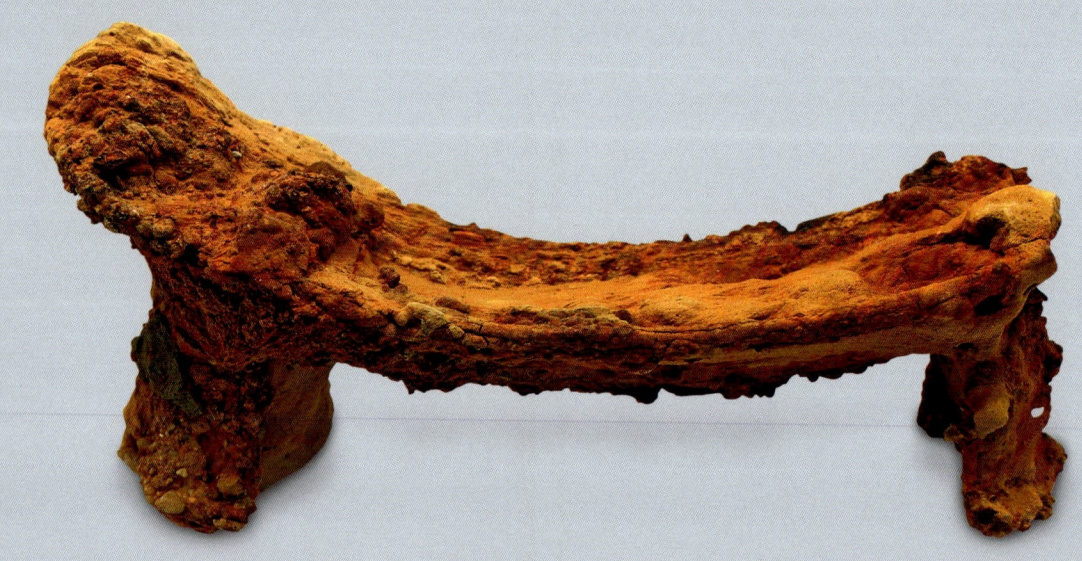

铁碾 宋（12SLT12⑩:136）

残，长 33.4 厘米，宽 10.2 厘米，通高 19.1 厘米
锈蚀严重。上部船形，中部有凹槽。下部有两扁平支脚。铁质。

铜镜

宋 （12SLT21 ⑫：45）

锈蚀较严重。直径 10.8 厘米，厚 2 厘米

平面圆形，桥形纽。

亚字形铜镜

宋 （12SLT13 ⑩：139）

长 12.2 厘米，宽 12.2 厘米，厚 1.5 厘米

锈蚀严重。亚字形，桥形纽，中部印有"晁口"字纹，外饰花卉、双凤纹，外周饰一圈联珠纹。

铁耙钉 宋（12SLT12⑫：156）

宽头部长 11.4 厘米，宽 6.4 厘米，通高 48.8 厘米

锈蚀严重。扁平，一头宽一头尖，呈"L"形。

铁桩 宋（12SLT04⑭：94）

头部长 5.4 厘米，宽 4.9 厘米，通高 48.5 厘米

锈蚀严重。一头稍尖，一头稍粗。

铜钗 宋（12SLT12⑩：526）

残断。双股。

金耳环 宋（12SLT04⑫：1）

长 2.6 厘米，宽 1.9 厘米，厚 0.2 厘米
"S"形，金质。

铜造像 宋（12SLT04⑭：192）

通高 7.8 厘米，基座高 2.2 厘米，佛像高 5.6 厘米
锈蚀严重。底座为四足平台，佛像主体锈蚀，无法辨识，叶形背光。

汴水蕴物华——柳孜运河遗址出土文物

木骨贝类

木梭 宋（12SLT12⑫：149）

残，长 14.2 厘米，中部最宽处 3.7 厘米
中间粗，两头细。

木梭 宋（12SLT12⑫：27）

残，长 13.4 厘米，中部最宽处 4.6 厘米
两端尖，中间粗，梭形中间凸，两头细。

木鱼漂 宋（12SLT21⑫：48）

长 1.7 厘米，宽 1.6 厘米
长椭圆形。

骨篦 唐（99SLT6⑧：369）

长 5.1 厘米，宽 3.1 厘米

骨色棕红色。长方形弧顶圆角梯形，篦齿很稠密。

骨篦 唐（99SLT8⑥：151）

长 8.3 厘米，残宽 2 厘米

骨色泛白。长方形弧顶圆角，篦齿很稠密，齿下半部缺损。

骨篦 金（12SLT21③：4）

残，长5.6厘米，宽1.9厘米，厚0.4厘米

圆角弧顶。篦齿疏密有致。

木篦 宋（12SLT12⑫：225）

残，长7厘米，宽4.3厘米，厚1.2厘米

圆角弧顶。背部下有一道凹槽，篦齿较稠密。

骨簪 唐（99SLT6⑧：258）

长12.2厘米

为圆形肢骨磨制而成，一端尖状。

贝环 宋（12SLT12⑩：75）

直径 1.65 厘米，厚 0.25 厘米
圆环形。贝壳质。

骨圈 宋（12SLT12⑩：258）

直径 4.2 厘米，厚 1 厘米
圆环形。骨质。

骨簪 唐（12SLT04YD⑳：240）

残。长 15.5 厘米，宽 0.3 厘米
两叉状，一端圆弧形，上有两道凹线刻划纹，双股细长，下端残。

贝壳饰件 宋（12SLT12⑩:91）

残，长3.4厘米，宽2.1厘米，厚0.4毫米
椭圆形。外围残有4个凹槽，内有5个镂孔，
表面一侧饰阴刻线，另一侧平滑。

骨牌 宋（12SLT21④:17）

长3.1厘米，宽1.6厘米，厚0.3厘米
长方形。一面素面，一面饰以8个圆形凹窝。
骨质。

木剑 宋（12SLT12⑫：280）

残，长68.8厘米，宽3.2厘米
木质。

编后记

1999年，为了配合泗洪到永城的公路（303省道）改建工程项目，对柳孜运河遗址进行了第一次考古发掘，并出土大量的遗物。2012～2013年，为了配合中国大运河申遗工作，柳孜运河遗址开展了第二次田野考古发掘，并获得大量的遗物和数以吨计的瓷片。两次发掘出土的器物均以瓷器为主。本书将两次发掘出土的各类器物选录部分有代表性的汇总出版，弥补考古发掘报告的不足，以方便读者更好地了解柳孜运河遗址的性质和内涵。

（1）本书选录柳孜运河遗址1999年、2012～2013年两次正式田野考古发掘出土的文物。

（2）器物图版按照先质地（瓷器、陶器、石玉类、金属类、木骨贝类）后用途的顺序排列。

（3）器物说明内容依次为器物名、时代、器物编号、器物尺寸、文字描述。

（4）本图录可与《淮北柳孜——运河遗址发掘报告》和《柳孜运河遗址第二次考古发掘报告》配套阅读。

（5）本书由宫希成、闫红主编，陈超编排，胡均摄相，陈超、解华顶、王玲玲撰写器物文字说明。

编者

2016年12月